JN175069

野村のイチロー論

野村克也

GENTOSHA

はじめに

正直に言う。

私はイチローが好きではない。

彼の仕草や態度、物言いを見たり聞いたりしていると、本人がこう思っていることが感じられてならない。

「おれは人とは違うんだ。特別なんだ」

だから、話している内容も、われわれ凡人には参考にならなくて、ちっともおもしろくない。発言を聞くかぎり、野球に対する考え方、野球観も、私とは相容れない気がする。

そしてなにより、あの無精髭がいただけない。剃るなら剃る、伸ばすなら伸ばす、どちらかにしてもらいたい。

そういうわけで、出版社から「イチローについて書いてください」と依頼を受けたとき、気は進まなかった。彼とは同じチームになったことはないし、話をしたことすら記憶にない。そんな私が何かを述べることは、彼に対しても失礼だと考えた。

しかし——。

イチローのバッティングを見るたびに、こう思うのも事実であった。

「すげえなあ……」

なにしろ、ふつうのバッターなら手が出ない、あるいは出さないボールを、卓越したバットコントロールで右に左にさばいてしまう。当たり損ないのゴロであっても、快足を飛ばしてヒットにしてしまう。そんな芸当は彼にしかできない。

「すげえ」のはバッティングだけではない。塁に出れば、隙あらば次のベースを陥れ、守っては広い守備範囲と強肩で、長打や失点を未然に防ぐ。その才能にはため息をつくしかない。

そして、これまで残してきた記録を眺めてはまた、ため息が出る。

18歳でプロ入りして3年目の1994年、いきなり史上最多の210安打をマークして彗星のごとく現れると、以降7年連続首位打者に。

２００1年にバッターとして日本人ではじめてメジャーリーグに戦いの場を移すや、ここでもいきなりアメリカン・リーグ最多の２４２本のヒットをマーク。打率・３５０で首位打者を獲得し、あわせて新人王、リーグMVP、盗塁王（56個）、ゴールドグラブ賞などの主要タイトルを総なめにして、日米の野球関係者やファンに衝撃を与えた。

そして、２００４年には84年間破られることのなかったシーズン最多安打記録を塗り替え、２０１０年までこれもメジャー新記録となる10年連続２００安打を達成。

２０１６年には日米通算ながら通算最多安打記録を更新し、さらにメジャー通算３０００安打もマークした。近い将来、日米双方の殿堂入りも確実だといわれる。

私が現役のころは、日本人がメジャーリーグでプレーすること自体、想像できなかったし、ましてや活躍するなどとは、夢にも思わなかった。まだまだ日本とアメリカを隔てる壁は高かった。

その壁を1995年に最初に破った（といっていい）のが野茂英雄で、以来、数多くの選手が彼に続いた。けれども、成功といえる結果を残したのはピッチャーばかり。イチローのあと、何人ものバッターが海を渡ったが、日本時代と遜色ない活躍を見せた選手は見当たらない。ほとんどが最後は日本に帰ってきた。

そのなかで松井秀喜はなるほど見事な実績を残し、ファンからも愛された。ただ、いかんせん中距離バッターになってしまった。日本に残っていればホームランバッターとしてどれだけの記録を残したかと想像すると、正直、物足りなさが残るといわざるをえない。

となると、あらためてイチローのすごさが際立つ。イチローだけが別の次元にいるかのようだ。まさしく天才というしかなく、あんなバッターはこれまでいなかったし、おそらくこれからも出てこないだろう。

そう思うと、考えてみたくなったのである。イチローのすごさとは具体的にどんなことなのか。それだけの高みに到達することができた理由はどこにあるのか。日本人としても華奢に見えるあの身体で、どうしてあれだけの成績を残し、不惑をとうに過ぎたいまなお、メジャーリーグの第一線で活躍し続けられているのか――。それを分析してみたくなったのだ。

と同時に、この不世出の選手が「野球とは」「バッティングとは」という問いに対してどのような答えを用意しているのか検証し、私の考え方とどこが異なるのか、共感するところはあるのか、あらためて考察してみたいと思った。

先ほども述べたように、私はイチローと同じチームになったことはないし、つきあいがあるわけでもない。ゆえに誤解や思い込みもあるだろう。だが、人間的にも、利害においても、まったく無関係だからこそ見えることがあるし、いえることもある。そして、たいがいはそうした評価のほうが正鵠《せいこく》を得ているものだ。

果たして私の目のなかで、イチローはどのような像を結ぶのだろうか――。

野村のイチロー論　目次

第2章

イチローと凡人野村

第3章

イチローがメジャーに与えた衝撃

第4章 イチローの「言葉」を読み解く

第5章 イチローは王・長嶋を超えたのか？

第6章 イチローは変わったか

装幀　多田和博
写真　荒川雅臣
カバー画像　PIXTA
本文デザイン・DTP　美創
出版協力　㈱KDNスポーツジャパン
編集協力　メディアプレス
構成　藤田健児

第1章

イチローは本当に天才なのか

イチローのバッティングを分析する

天才とは何か

イチローは「天才」といわれる。私もそう思っている。

しかし、それでは何をもって「天才」とするのか――。その定義は意外と難しい。人それぞれ違うだろう。あえて私なりに表現すれば、こうなる。

「変化球を苦にしないバッター」

すべてのバッターに共通するテーマは、「変化球の対応」にある。私はそう考えている。つまり、変化球をいかに打つかということである。

いやしくもプロに入ってくるようなバッターであれば、ストレートならよほどのスピードでないかぎりそれほど苦にしないし、一軍レベルのバッターであれば、変化球であってもあらかじめ来るとわかっていれば、打つのは難しいことではない。

しかし、ストレートを待っているときに変化球を投げられたら、かんたんには反応できない。バッティングでもっとも大切なタイミングを狂わされるからである。

まさしく私がそうだった。テスト生としてプロの世界に入った私は、3年目に一軍に上がり、4年目にはホームラン王のタイトルを獲った。

「これでプロとしてやっていける！」

自信をもった。ところが、それから突然打てなくなった。ホームランは半減し、打率も2割5分程度に落ち込んだ。

決して慢心したわけではない。「打てないのは練習が足りないからだ」と思い、それまで以上にバットを振った。それでも数年間、成績は横ばいだった。

突然の不振の原因は、変化球、とくにカーブが苦手なことにあった。ホームラン王になったことで、相手は私を研究し、裏をかくようになった。

ストレートを待っているときにカーブを投げられる。もうお手上げだった。ボールの変化にバットが、身体がついていかないのである。あまりに空振りが続くので、「カーブが打てないノ・ム・ラ！」と盛大に野次られたものだ。

「どうすればカーブを打てるのか……」

私は頭を振り絞って考えた。

わかったことがあった。私はストレートを予期していたときにカーブが来るとひとたまりもないが、あらかじめカーブが来るとわかっていれば、打つことができたのである。

「ならば、球種を見抜けばいい」

そこで、スコアラーに頼んで相手バッテリーの私に対する配球を記録してもらい、毎日試合が終わるとカウント別に研究した。すると、「こういう状況ではこういう球種が来る」という傾向が浮かび上がった。そうして私は、次にどんなボールが来るか「読む」ことでカーブを克服したのだった。

しかし、なかにはそんな面倒くさいことをしなくても変化球をさばくことができるバッターがいる。ストレートを待っているときに変化球を投げられても、とっさに身体が反応するバッターがいる。そういうバッターを私は、「天才」と呼ぶことにしているのである。

選球眼ならぬ「選球体」

そういうバッターの代表が長嶋茂雄だった。長嶋はまさしく天才だった。キャッチャーとして数々のバッターと対戦してきた私は、バッターのタイプを4つに分類している。

・ストレートを待ちながら、変化球にも対応しようとする　↓A型
・インコースかアウトコースか、打つコースを決めている　↓B型
・レフト方向かライト方向か、打つ方向を決めている　↓C型
・球種を絞る　↓D型

どのバッターも、状況によってこの4つを使い分けてはいるが、基本的にはいずれかのタイプにあてはまる。私はいま述べたように、典型的なD型だった。

長嶋がどのタイプかといえば、A型といって間違いない。

「ぼくはヤマ張りも予測もなく、ただ『来た球を打つ』という技術を身につけていた」

長嶋自身がそう語っていた。彼は「技術」と表現しているが、おそらく身体が勝手に反応したのだと想像する。

イチローも同じだと私は思う。配球を読んだり、狙い球を絞ったりしている気配はあまり伝わってこない。その証左となるのが、イチローが口にしていた「選球体」なる言葉である。

イチローは、明らかなボール球に手を出すことがしばしばある。なかにはバッテリーの術中にはまったケースもあるだろうが、みずからの意思で打ちにいくことも非常に多い。ワンバウンドのボールをヒットにしたこともあった。

イチローを追ったテレビのドキュメンタリーで、「ボール球をなぜ打ちにいくのか」という質問に答えて、こう語っていた。

「頭は打てないと判断しても、身体がひょっとしたら打てるぞと思う」

そして、「目だけでストライクかボールかを判定するのはかんたん」と述べたうえで、こう続けた。

「僕にとっては選球眼より選球体が重要」

選球体――つまり、目ではなく、身体でストライクかボールか、打ちにいくのか見逃すのか、判断するということである。私にはまったく理解できない表現だが、長嶋も〝悪球打ち〟といわれたことがあるように、ボール球をヒットにすることがたびたびあり、その理由をこう話していた。

「アンパイアや観客のみなさんの目には、ストライクゾーンを大きくはずれているように見える球でも、ぼくが『来た!』と思えば、それは、ぼくにとってはストライクだったんですよ」

フォームを崩されても、身体は絶対に開かない

とはいえ、ふつうはボール球に手を出せばフォームが大きく崩れるものだ。そうなっては、かりにバットがボールに当たっても満足な打球は打てない。ところが長嶋は、変化球でフォームを崩され、泳ぐような体勢になってもヒットを打つことができた。左足を大きく外側にステップしながらヒットを打つこともしばしばあった。

なぜ、そんなことが可能だったのか――。

左肩が外側に開かなかったからである。左足は大きく外に開いても、左肩は開かなかった。

では、なぜ左肩が開かなかったかといえば、左足が開いたときでも、つま先はしっかり内側を向いていたからである。だから、いわゆる〝カベ〟が崩れることがなかった。アウトコースに流れていくボールにもバットがついていくことができたのである。

イチローも同様だ。シアトル・マリナーズに移籍して1年目の2001年、イチローは242安打を放ち、打率・350をマークして首位打者に輝いたわけだが、とりわけよく打ったのがアウトコース低めだった。ストライクゾーンを9つに分割してゾーンごとの打率を割り出してみると、アウトコース低めのボールに対しては3割6分近い数字を残したという。

アウトローというのは、ふつうのバッターは見逃すゾーンであり、バッテリーがカウントを稼ぐゾーンである。そのコースをそれだけ打ったというのは、イチローが天才であることのひとつの証明になると思うが、では、なぜそれができるかといえば、踏み込む足、すなわちイチローの場合は右足のつま先が開かないからである。

テレビなどで注意して見ていただくとわかると思うが、つま先が外側に開いてしまうバッターは少なくない。だが、イチローは長嶋同様、絶対といっていいほど開かない。だから、アウトコースを苦にしないで打つことができるのである。

意識するのは「グリップを残す」こと

イチローのつま先が外側に開かない理由も、長嶋と同じく、右肩が決して開かず、カベが崩れることがないからである。

「打席でいちばん注意していることは何ですか?」

あるインタビューで訊かれて、イチローはこう答えていた。

「つねに左肩を意識している」

すなわち、「グリップを、どれだけキャッチャーに近づけたまま我慢できるか」ということだ。「左肩をピッチャーに見せない」という表現をしたこともある。左肩を見せないよう意識していれば、絶対に右肩が開くことはなく、最後にバットが出てくる、というわけである。

これは大正解だ。

バッティングというものは、足→腰→腕の順で動かしてこそ、しっかりした打球が打てる。ひざを動かせば、自動的に腰と肩が回り、肩と腰が回れば腕がスムーズに出る。

へぼバッターはこの順序が逆になる。腕から打ちにいってしまう。上半身に頼りがちになるわけである。「空振りしたくない」「バットの根っこに当てたくない」という意識が働いてしまうのだ。だが、そうなると身体が前に突っ込むことになり、変化球に対応しにくくなってしまう。

もうひとつ、これは左バッター全般にいえることなのだが、一塁ベースが近いだけに、少しでも早く一塁方向に踏み出そうとする。それが無意識のうちにバッティング・フォームに出てしまう。極端な場合は、スイングしている最中にすでに右足が一塁方向に流れている選手もいる。つまり、右足の踏み出しが「スイングのステップ」と「走塁の一歩目」と一緒になってしまうのだ。

こういう、いわゆる「走り打ち」になると、強い打球を打ち返せないばかりか、タイミングを崩されやすくなる。どうしても身体が開きがちになるのである。

イチローも、たしかにスイングのなかにスタートの意識が見える。しかし、イチローは重心をピッチャー方向に移動させながら打ちにいくことで、「ステップ」と「一歩目」を同期させた。決してスイングしながら一塁側を向いてはいない。走り打ちになっていない。ここが、凡百の左バッターと異なる点である。

「あのバッティングを右バッターがやったら絶対打てない」

落合博満はしみじみ言っていたが、これも右肩が開かないからこそなせるわざなのである。

ただ一点に気をつければ、おのずと理想のスイングになる

グリップをできるだけ残すことは、ギリギリまでボールを引きつけることにもなる。

本で読んだのだが、こんなエピソードがある。

広島カープのキャッチャーだった西山秀二が、オープン戦でイチローと対戦した。西山が言うには、フォークボールにタイミングが合わず、空振りだと思った瞬間、芯でとらえられた打球がライナーでライト方向に飛んでいった。「振り出してからスイングの軌道が変わった」のが信じられなかった西山は、試合後、どういう技術を使ったのか直接訊ねたそうだ。すると、イチローはこう答えた。

「ボールを打つ体勢に入っても、バットだけは先に出してはいけない」

つまり、ボールの行方を最後まで見極め、これ以上は我慢できなくなったところでようやくバットを出すということだろう。言葉を換えればこれも、グリップをギリギリまで残すということだ。だからこそイチローは、どんなボールの変化にも対応でき

るのである。

「グリップを残す」こと、それだけをイチローが注意しているように、ワンポイントでいいのである、バッティングにおいて気をつけるべきことは……。あれこれ気にするより、もっとも大切な一点を決め、そこをきちんとチェックしてさえいれば、あとはおのずと理想的なかたちになっていくものなのだ。

ちなみに私の場合は、「ボールを見る」ということだった。あたりまえのことだと思われるかもしれない。野球をやったことのある人なら、「ボールをよく見ろ」と必ず言われたはずだ。

けれども、じつはプロのバッターというものはふだん、ボールを「見る」という意識はほとんど持たずに打席に入っている。実際にそこに「見えて」いるわけだし、漠然と「見ている」だけで、長年の感覚をもとにバットを振る。それがふつうだ。

しかし、そこに「見る」という意志を入れてボールに対すると、結果はずいぶん変わってくるのである。「見える」と「見る」はまったく違うのだ。スランプになったとき、私はそのことに気がついた。

ピッチャーがモーションを起こしたら、ボールから目を離さず、ボールをにらみつけてみた。すると、おのずとタイミングは合うし、フォームも基本通りの打ち方になる。ボールを「見る」という意識を入れるだけで、全部解決したのだ。以来、私のスランプ脱出法はボールを「見る」ことになった。

腕の使い方とボールを待つ姿勢も抜群

イチローは腕の使い方も理想的だ。抜群にうまい。

左バッターの場合、スイングをリードするのは右腕である。右腕でバットをコントロールし、左腕でパワーを与える。

極端にいえば、左腕はミートするときしか必要ない。へぼバッターは左腕を使いすぎて、手首を返しがちになるのだが、イチローは右腕一本で、あたかもテニスのラケットを握ってバックハンドで打ち返すかのようにスイングしている。ここに、柔軟で自在なバットコントロールを生み出す秘密があるわけだ。

イチローのバッティング・フォームでもうひとつ指摘しておきたいのは、右足のステップの幅が狭いことだ。ふつうは、ステップすると両足の幅が肩幅より広くなる。しかし、イチローの場合は——もともと構えるときから両足の幅は狭いが——せいぜい肩幅くらいしか開かない。

右足をある程度踏み込まなければ、強い打球は打てない。長打も期待できない。しかし、両足の幅が狭いぶん、身体が回転しやすくなる。身体全体を使うことができる、のみならず、腰から上、上半身が動かなくなる。ぶれることがなくなる。

イチローは前後には盛大に動いても、上半身が動くことはない。だから、必然的に理想的なかたちでボールを迎えることができる。ボールを待つ姿勢、そのための体勢づくりがイチローは抜群にすばらしいのである。

基本はセンター返し

そのうえで、センターを中心に打ち返す。これもイチローのバッティングの大きな特徴といえる。

今回、彼がメジャーに移籍してからのヒットの映像を順に見ていったら、ピッチャーの足元に打ち返した打球が非常に多かった。この姿勢は、野球をやっている青少年はもちろん、プロの若手バッターにも見習ってほしいと思った。センター返しはバッティングの基本だからである。

フェアゾーンはホームベースを軸にして扇形に広がっている。ピッチャーが正面から投げ込んできた球を、素直にピッチャー方向、すなわちセンターを中心に打ち返せば、私のような引っ張り専門のバッターよりもヒットゾーンが格段に広くなるのは道理。私の打球は左にずれればファウルになってしまうが、イチローはセンター返しが基本だから、左右にずれればヒットになる確率が高くなる。

イチローの打球がライトに飛ぶのは、意識的に引っ張ったのではなく、カーブやスライダーなど内に入ってくる球、あるいは緩いボールを素直に打ち返したらライト方向に飛んだ、ということなのだと思う。レフトに流すのも同じ。おそらく、はじめから打つ方向は決めていないはずだ。

身体の初動はすべてピッチャーの方向を向いていて、絶対に開かない。球種やコースによって、結果的に引っ張るかたちや流すかたちになったにすぎないのではないか。

おそらくイチローは、「自分はホームランバッターではない」という意識を持ち、ヒットを打つことに、つまり安打製造機に徹しているのではないか。

「2割2分でよければ、ホームランを40本打てるかもしれない」

みずから語ったように、はなからホームランを狙っていない。典型的なアベレージバッターだと自覚し、ホームランなんて、頭の片隅にもないのだと思う。高めに来た球を基本通りに打ち返したら、長打になった……彼のホームランは、そういうケースが多いのではないだろうか。

変化球を待ちながらストレートを打つ

先に述べた、バッターのタイプに関する私の分類にあてはめると、イチローはA型だと思っていた。すなわちストレートを待ちながら変化球についていこうとしているのだと思っていた。ところが、イチロー本人はこう語っているのである。

「変化球をマークして、まっすぐについていく。それが僕の理想」

この発言も、私のようなへぼバッターには考えられない。これがほんとうなら、先の4分類に新しく「E型」を加えなければならない。いや、「A型」とするべきか。

私のような凡人は、変化球を待っているときにまっすぐをドーンと投げ込まれたら手も足も出なかった。緩いストレートであっても、振り遅れてファウルになるのがせいぜいだった。ほとんどのバッターがそうだと思う。

なぜ、変化球を待ってストレートに対応するなどという芸当が可能なのか。

そこで思い出したのが、現役時代の体験だ。いま述べたように、ふだんの私は、変化球をマークしているときにストレートが来たらお手上げだった。けれども絶好調のときは、外に逃げていく変化球をマークしているところにストレートが来ても、無意識に身体が反応したのである（ただ、わずかにミートするポイントがずれるから、打球は自然と右方向に飛んでいったが）。

イチローのいう「変化球をマークしてまっすぐに対応する」というのは、そういうことなのではないか。変化球を待っているときにストレートが来ても、無意識のうちに身体が反応する。それができれば理想だとイチローは考えているのだろうと、私は想像する。

つまらせるのも技術のうち？

イチローは内野安打が非常に多い。左バッターなので一塁が近く、もともと有利なうえに、先に述べたように、ステップと走塁の一歩目を同期させている。

しかも足が速い。打ち取られた内野ゴロであっても、ボールの転がりどころや転がり方次第で、ヒットになる確率が高いのは当然である。メジャーで放ったヒット3000本のうち、内野安打が約23パーセントを占めているそうだ。

ボテボテのゴロを内野安打にされたバッテリー側からすると、「しかたがない。こういうこともあるのが野球だから」と思うし、バッターもふつうは「ラッキー」ととらえる。ところが、テレビのインタビューでイチローは、「僕のなかではまったく違う」と反論し、こう続けた。

「つまらせてヒットにする技術がある」

すなわち、わざとつまらせて打球のスピードを殺し、野手がキャッチするまでの時間を稼いでヒットにするというのだ。

これはほんとうに信じられない。そういう発想すら私にはない。

「いつも三遊間を狙っている」

私にそう語った左バッターはいた。サードとショートのあいだに転がれば、外野に抜けなくても内野安打になる確率が高くなるからだ。

だが、それはわざとつまらせるということではない。イチローの場合は、わざとバットの根っこや先っぽにボールを当てるなどして、ボテボテのゴロを意識的に打っているというのだ。ほんとうにそんなことができるのだろうか……。

はっきり言って、この言葉は嘘だと思う。

そんなことが可能なら、芯に当てることだってわけないことになる。芯に当てたほうがヒットになる確率は高い。なぜ、わざわざ根っこや先っぽに当ててつまらせる必要があるというのか。

私もポテンヒットや内野安打は好運やツキだけから生まれるものではないと信じている。打球がそういう場所に飛ぶのは、きちんとしたフォームで打っているからという理由も大きいと考えている。正しいスイングをしたから、たとえ芯をはずされてもヒットになったのだと……。

しかし、意図的につまらせるという言葉は納得できない。「人と違うことをやるのが僕の基本」とイチローは語っているようだが、本書の冒頭でも述べたように、彼の発言を聞いてしばしば思うのは、イチローは凡人を煙《けむ》に巻くような話をすることで、格好をつけているのではないかということだ。

「自分はほかのバッターとは違うんだよ。特別なんだよ」

そうアピールしたいのである。

たんなる打ち損ないが内野安打になったと認めてしまえば、たとえ200本ヒットを打ったとしても、「ラッキーな内野安打も多いじゃないか」とみなされ、価値が下がってしまう。そうならないために、「わざと内野安打にしている」と主張しているのではないか……。邪推ととられるかもしれないが、私にはそうとしか思えない。先ほどの「選球体」の話も、「自分は特別なんだ」と強調するために、あとで理屈づけたことなのではないかと私は思ってしまうのである。

目を使ってボールを見てはいけない

その真偽は措《お》くとして、打てるか打てないかを「身体で判断する」イチローは、しばしばボール球もヒットにしてしまう。メジャー1年目のシーズン、高めのボールゾーンと内角低めのボールゾーンの打率は、いずれも3割を超えていたという。

ただし、並のバッターなら見逃すボールでも当てられるほど器用であるだけに、スランプになるとそれが災いすることになる。いつもならヒットにできるボール球を打ち損なうケースが増えるのだ。器用であることの悪い面が出てしまう。まさしく〝器用貧乏〟に陥るわけである。

実際、イチローはメジャー5年目の2005年、スランプに陥った。とくに、得意であるはずのアウトローを打ち損ねることが増えた。

そうなると、それまではむしろ称賛されていた〝悪球打ち〟が、「なんであんなボールに手を出すんだ」という批判に変わってしまう。とくに6月の打率はメジャーに来て以来最低レベルで、2割5分に届かなかった。

このときの不振の原因は、イチローによれば「目を使うようになった」ことにあったという。

先に述べたように、イチローはふだん「身体」で選球しているのだが、打ち損なうことが増え、周囲の評価が変わってくると、それをプレッシャーに感じ、ボールを見ようとして「目」を使い出す。それでますます不振に陥る悪循環を招くというのだ。目を使うのがいけない――これまた天才ならではの、私にはまったく理解不能な発言である。

先ほども述べたように、私は凡人だから、不振になればなるほど目を使った。「しっかりボールを見よう」と自分に言い聞かせたものだ。そして、無意識に、漠然とボールを見て打っているところに「しっかり見る」という意識を入れると、おのずとタイミングが合い、肩も開かず、理想的なフォームになるというのは、どんなバッターでも同じだと思っていた。

ところが、イチローの場合は、しっかりボールを見ようとすると逆効果になるらしい。なぜかといえば、見ようと意識するあまり、「右足の始動が遅れる」からだという。

始動のタイミングは人それぞれだ。私はピッチャーが誰であろうと、腕が見えたところで左足を上げていた。イチローの始動はそれよりかなり早い。動き出しが早いと、ふつうは身体が開きがちになるものだが、イチローは前述したようにグリップをギリギリまで残す。だから、「早くいくぶんにはかまわない」そうだ。

小事に気づく力と、つねに進化しようとする姿勢

右足を上げるタイミングを早め、再び「身体」で選球できるようになったことで、イチローは復調したそうだ。一時は危ぶまれた年間200安打も達成することができた。

「目を使うようになった」ことがほんとうのスランプの原因だったかどうかはともあれ、ここで私が指摘しておきたいのは、動き出しが遅くなっていたことにイチローがきちんと「気づいた」ことである。大きな問題なら誰でも気づく。しかし、こうした小さなことには、並のバッターはなかなか気がつかない。

「ショートゴロはいいけど、セカンドゴロはダメ」

イチローはそれをひとつのバロメーターにしているらしい。身体の動き出しが遅くなると、それを取り戻そうとバットが早く出てしまい、手前でさばいてしまう。その結果がボテボテのセカンドゴロになるというわけである。

バッティングというものは、グリップの位置や握りなどをほんの少し変えるだけでも大きく変わってくる。小事に気づき、大切にすることが「大事」を生むのである。

小事に気を配るイチローの姿勢は、バットにも表れている。

イチローは移動の際、バットをジュラルミン製のケースに入れて運搬することはよく知られている。このケースは衝撃からバットを守るだけでなく、なかに入れられた吸湿剤がバットの吸収する水分をコントロールしているという。湿気を吸ったバットと乾いたバットでは、ボールがバットを離れる瞬間の感触が違うとイチローは言っている。

また、2015年にマイアミ・マーリンズに移籍した際、バットをそれまでのアオダモ製からアッシュ製に変えたのに伴い（北海道産のアオダモが枯渇したためだという）、色も黒から白に変えたが、その翌年はまた黒に戻した。これは黒いバットのほうが欠けたときにわかりやすいからとのことだ。

よく言うのだが、「小事に気づく」「小事を大切にする」ことは、一流選手に共通する条件である。

たとえば落合博満はバッターボックスに入る際、まずアンパイアの背後からマウンドを見て、それから入るのが常だった。あとで聞いたところでは、マウンド上のピッチャーズプレートからホームベースまでが一直線になっているか確かめていたそうだ。球場によっては、プレートがほんの少し一塁側もしくは三塁側にずれていることがある。バッターは、打席に入ったらストライクゾーンを空中に四角くイメージするのだが、ピッチャーズプレートからホームベースまでまっすぐになっていない場合は、その四角をずらすのだと落合はいっていた。

張本勲は、軸足の位置をホームベースを基準にバットで測って決めていた。そんなときに集中力を乱そうとして話しかけると決して打席に入らず、ボックスに入ってから話しかけると今度は構えようとしない。それで張本に対してはささやき戦術は封印せざるをえなかった。

福本豊は、「盗塁で大切なことは何か?」と私が訊ねると、「目です」と答えた。ピッチャーの小さな動きを見逃さないという意味である。投球するときとランナーを牽制するときでは、ピッチャーのモーションは微妙に異なる。

「投球するのか、牽制するのか、ピッチャーの背中が教えてくれる」と福本は話していたが、そこに気づくことができるかどうかで、盗塁の成功率は格段に違ってくるのである。

「小事に気づく」ことの大切さは、私も身をもって知っている。イチローと違って不器用な私がなんとかやってこられたのは、配球を読むようになったからで、そのためにバッテリーの配球の傾向を研究したと先に述べたが、じつはもうひとつ大きな力となったことがあった。ピッチャーのクセを見抜いたことである。

カーブが打てなくて悩んでいたちょうどそのころ、一冊の本に出会った。メジャーリーグ最後の4割バッターとして知られるテッド・ウィリアムズの『打撃論』。見ず知らずの人（あとで聞いたところでは野球好きの医師とのことだった）がみずから翻訳して送ってくれたガリ版刷りのその冊子に、こういう一文があった。

「私はピッチャーが次にどんな球を投げてくるか、7、8割はわかる」

そして、その根拠をこう述べていた。

「ピッチャーはキャッチャーのサインを見終わって振りかぶるときには、すでにストレートを投げるか、変化球を投げるか、100パーセント決めているはずだ。それは小さな変化となって表れる。ストレートと変化球では、必ずどこかが違うものなのだ」

「小さな変化とは、ピッチャーのクセではないか……?」

ピンときた私は、さっそく翌日ブルペンで味方ピッチャーの球を受けながら彼らのフォームを観察した。よ～く目を凝らすと、どのピッチャーも球種によってフォームや球の握り方が微妙に違っているのがわかった。どのピッチャーにも特有のクセがあった。

「これだ!」

すぐに私は対戦するほぼすべてのピッチャーのクセを徹底的に調べあげる作業にいそしんだ。それを、データと合わせて配球を読むのに活用したのである。

西鉄ライオンズのエースだった稲尾和久のクセだけはどうしてもわからなかったが、友人に頼んで16ミリフィルムで撮影してもらった稲尾のフォームを繰り返し見た結果、インコースに投げるときだけは、ワインドアップして頭上で両手を組むときにボールの白い部分がわずかに見えることが判明した。

じつに些細なことである。しかし、その小事に気づいたからこそいまの私がある。小さなことに気づくことができるかどうかで、結果はずいぶんと違ってくるのである。

2004年にメジャーのシーズン最多安打記録を更新したときだったと思う。いみじくもイチローは述べていた。

「小さなことを大切にしていかないと、頂点には立てない」

変わることを恐れない

イチローというと〝振り子打法〟と、条件反射的に思い浮かべる方もいると思う。だが、イチローはメジャー1年目に振り子打法をやめている。理由は、アメリカのピッチャーのリズムにタイミングを合わせるためだった。

イチローも当時指摘していたようだが、日本の多くのピッチャーは「ワン・ツー・アンド・スリー」というリズム、日本語でいえば「いち、に〜い、さん」で投げてくるのがふつうだが、アメリカのピッチャーは「ワン・ツー・スリー」、すなわち「いち、に、さん」で投げてくる。タメがないのだ。

日本のピッチャーが下半身でタメをつくってから投げるのに対し、アメリカのピッチャーは上半身の強さを活かした投げ方をするからである。

この違いに対応するため、イチローは右足を振り子のように上げるスタイルを捨て、ステップの幅を変えることで適応したのである。

2004年のシーズン途中には、試しにほんの少し右足を引いて構えてみた。すると、立てていたバットが自然と寝て、そのためバットが遅れて出てきたため、そのぶんボールを引きつけてとらえることができ、打ち損じが減ったという。

このアイデアは試合前の練習中に思いついたそうだが、それがシーズン最多安打記録更新という成果となって表れた。

その後もイチローのフォームは、毎年のように微妙に変化しているといっても過言ではない。その意味では彼は、フォームにはこだわっていないのだろう。イチロー自身はこう語っている。

「毎年気持ちは変わりますし、身体も微妙に変わります。いいフォームが何年経ってもいいとは思いません。その時々の自分に合うフォームが必ずあるはずです」

近年の大きな変化としては、メジャー通算3000安打を達成した2016年、それまで立てて構えていたバットを寝かし、スタンスもやや右足を後ろに引き、オープン気味にしたことがあげられる。結果として、2004年のフォームに近づけたことになる。

バットを立てる狙いはふつう、スイングの軌道を大きくし、そこで生まれる遠心力を利用してヘッドを利かせ、ボールを強く叩くことにある。端的に言えば、打球を遠くに飛ばすためだ。

マイアミ・マーリンズに移籍した2015年、イチローは91安打、打率・229と自己ワーストを記録した。41歳という年齢も影響していたのかもしれないが、得意なはずのアウトローを打てず、インコースに力負けすることも少なくなかった。なにより、速いボールについていけないケースが増えた。150キロ以上のストレートに対する打率は・226だったというデータも残っている。

フォームを変えたのは、おそらくそれが理由だろう。バットを寝かせれば、強い打球は打てないし、打球も飛ばない。

ただし――イチロー自身は「手を早く出せる状態をつくってみようと思った」と語っていたが――そのぶん短い距離で、コンパクトにバットを出すことができる。ボールをより引きつけられることでミートしやすくなり、振り遅れも少なくなるわけだ。イチローは、長打を打つことは最初から考えていないから、それでいいのである。

また、オープンスタンスに変えたのは、ボールを見やすくするためだと思う。右足を引けば、それだけインコースのボールをさばきやすくなる。実際、インコースの打率は上がったそうだ。この年のイチローのヒット数は95本。だが、打率は・291にアップした。150キロ以上のボールに対しても・360を記録したという。

だが、ここでも注目すべきことは、40歳を越えたイチローが、いまだ成長しようという意志を持ち続け、そのための努力や試行錯誤を厭《いと》わないことである。そして、「変わる」ことを恐れないということである。

ある程度の実績を残した選手というものは、変化を好まない。「ずっとこれでやってきたから、これでいい」と考え、むしろ下手に変えて、かえって悪くなることを恐れるものだ。

だが、それまでと同じことをやっても、それ以上の結果は出ない。もっと成績を上げたいと思えば、変わるしかない。変わるとはすなわち、進歩することなのである。不惑を越えてなお進歩するために変わり続けるところに、イチローのすばらしさの一端があると私は思っている。

イチロー・ルーティーンに意味はあるのか？

バッティング・フォームの話が出たので述べておくが、イチローといえばバッターボックスに入ったときの一連の仕草が、一種のトレードマークになっている。

まずは右手でバットをふりかざし、頭上で時計回りに一回転させ、バットをピッチャーに向ける。次に左ひじを曲げて右肩に触れ、ユニフォームの袖をたくし上げたら両腕の位置を決め、手首を固定する。そして息を吸い込んで、ピッチャーの投球を待つ……果たして、あの動きには何か意味があるのだろうか？

訊ねたことがないので事実はわからないが、推測するに、おそらく意味はないと思われる。

あのポーズをしたからといって、打てるようになるはずはない。格好をつけているのだと私は見ているが、まあ、きっとクセなのだろう。ピッチャーに対峙するための「儀式」といっていいかもしれない（アメリカに行った当初、バットをピッチャーに向けることが、「挑発している」ととらえられたこともあったようだ)。

イチローほどではないにしろ、どんなバッターも打席に入る際にはなんらかのクセを持っている。長年やっているうちに、それがスタイルになっていくわけである。掛布雅之など、しょっちゅういろんなところを触っていた。そうしないと落ち着かなかったのだろう。

私自身は取り立てて特別なことはしなかった。意識していたのは、軸足の位置だけ。あとは配球を読むことしか考えていなかった。とはいえ、無意識のうちになんらかの動作をいつもしていたのではないかと思う。

2015年に行われたラグビーのワールドカップで、優勝候補の一角にあげられていた南アフリカを破る大金星をあげた日本代表のキッカー、五郎丸歩選手がプレースキックに臨む際、必ず決まった動作をする姿が話題になった。一時、日本中でみんなが真似をしていたものだ。

聞くところでは、あれは荒木香織さんという日本代表のメンタルコーチと一緒につくりあげたもので、「プレ・パフォーマンス・ルーティーン」と呼ぶそうだ。あの動作に集中することで、身体が自動的にキックをする準備を整え、スタジアムの雑音や自分のうちから湧いてくる不安や心配などもシャットアウトするのだという。

ただし、プレ・パフォーマンス・ルーティーンが効力を発揮するためには、以下の要件を満たすことが必要になる。

・止まっている対象物（ボール）にアプローチすること
・時間を自分でコントロールできることが担保されていること

野球の場合は、自分に向かってくるボールが対象で、しかもピッチャーがどんなボールを投げるかはわからない。時間をコントロールするのもピッチャーだ。したがって、厳密にいえば、イチローのポーズは「プレ・パフォーマンス・ルーティーン」にはあたらないというのが専門家の意見である。

とはいえ、あのポーズをすることで、どんな状況であっても自分のペースで打席に臨めるのであれば、精神の安定には役立っているかもしれないという。

私もそう思う。バッターというものは、バッターボックスに入ると不安で不安でしかたがないものだ。私もそうだった。イチローもあの一連の動作でリズムをつくり、不安を解消し、集中しようとしているのではないか。

ケガをしにくい身体

2001年にメジャーデビューを果たしてから2010年まで、イチローは10年連続して200安打を記録した。これは、ウィリー・キーラーという選手が1894年から1901年にかけて記録した8年連続を上回る、メジャー記録である。

この記録は、技術力の高さはもちろんだが、その間、大きな故障をしていないという事実を物語るものでもある。イチローは日本にいたころから非常に故障が少ない。2009年の第2回ワールド・ベースボール・クラシック（WBC）後に体調を崩し、故障者リスト入りしたことはあったが、ケガで休んだことはほとんどないのではないか。

まず感謝すべきは、そういう身体、野球をするために生まれてきたといっても過言ではない身体に産んでくれた両親だが、科学トレーニングの進化、それに伴う彼自身のトレーニング法や日々のケアも故障しない身体づくりに寄与している。

私が若かったころは、野球選手に筋力トレーニングは必要ないと考えられていた。必要ないどころか、御法度だった。野球には不要な筋肉がついて身体が硬くなり、かえって害になると考えられていたからだ。重いものを持つことも禁じられた。ピッチャーは、「肩を冷やす」という理由で水泳もできなかった。

とはいえ、これはまったくの間違いでもない。野球に必要な筋力は、格闘技のそれとは違う。ボディビルのように、ただ筋肉をつければ、むやみに身体を大きくすればいいというものではない。それではむしろケガをするおそれが強くなる。

典型的なケースが清原和博である。選手生活の後半、清原はウェイトトレーニングに力を入れていたようで、プロレスラーのような身体になっていた。

たしかにパワーはついたのだろう。が、その代わり野球をするには不要な筋肉がつき、しかも筋肉が硬くなってしまった。その結果、空振りや全力疾走をしただけでケガを誘発するようになった。イチローとは正反対の、故障しやすい身体になってしまったのである。

イチローも言っている。

「丈夫さ＝強さとか大きさ、硬さだと思いがちだけど、僕はまったく正反対の考え方。丈夫さ＝柔らかさ。そしてバランス」

私も同感だ。私も現役時代、強さより柔らかさを重視していた。私の場合、筋トレが禁止されていたこともあって、ひたすらバットを振ったが、結果的にそれが野球に必要な筋肉をつけることになったと思う。野球選手は、プロレスラーでもボディビルダーでもないのだ。

聞くところでは、イチローはオリックス時代、ウェイトトレーニングで身体が大きくなったものの、パフォーマンスが落ちたことがあったらしい。そこで関節の可動域を広げ、筋肉を柔らかく保つ調整法に変えたそうだ。アメリカへも日本からマシンを持ち込み、自宅でトレーニングに励んでいるようだ。

また、マリナーズに入団して最初のキャンプでイチローは、メジャー流の練習に対して不満を持ったといわれる。

メジャーのキャンプは日本のそれに較べると期間も時間も短いし、当然、練習量もはるかに少ない（言い換えれば、身体づくりはキャンプがはじまるまで各自でやってこいということであり、進歩や上達は試合を通じて身につくものだというのがメジャー流の考え方である)。イチローにはそこが物足りなかったらしい。

そこでイチローは、アメリカでも日本で行っていたハードな練習を続けた。すると、その姿を見たほかの選手も次第に彼を見習うようになり、チームの首脳陣もイチロー流トレーニングを全体練習に取り入れた。その後、マリナーズ以外にも導入するチームが現れたそうだ。

イチローはプレーする際も、ケガをしないよう気を配っているのがわかる。たとえばスライディング。イチローは頭からは絶対に滑り込まない。必ず身体の横で滑り込んでいる。

これは福本が言っていたが、尻や背中を使わず、身体の横からスライディングすることで、ケガを防止するだけでなく、ベースに近づいてもスピードが弱まらず、しかもプレーを止めることなく、すぐに次の塁を狙えるのだという。

頭から突っ込まないのは、守備においても同様だ。前方の打球を捕りにいくときでも、絶対に足からスライディングしながら捕りにいっている。これもケガを防ぐことにつながっている。

そもそも頭からキャッチにいくなどというプレーは、派手に見えてもたいがいはファインプレーではない。イチローのように打球に即座に反応し、足を使っていちはやく落下点に入ることができれば、ふつうの打球として処理できるのだ。

ケガをしにくい身体づくりと、ケガを未然に防ぐプレー。イチローがめったに休むことがなく、40歳を過ぎてもそれほど衰えを感じさせないのは、このふたつを実践しているからなのである。

努力の天才

南海ホークスで私の1年後輩に、広瀬叔功という選手がいた。この広瀬を私は、長嶋茂雄とイチローに匹敵する天才だと思っている。

広瀬は最初、ピッチャーとして南海に入団してきた。しかし、1年目にひじを痛めて野手に転向する。

すると、早くも2年目に一軍に上がり、初打席から7打席連続ヒット。ほどなくレギュラーポジションを獲得し、1963年にはイチローが更新するまでパ・リーグ記録だった187安打をマーク。翌年には首位打者を獲得した（そのときの打率・366は、落合に抜かれるまで右打者の最高打率だった）。

とにかく足が速かった。通算596盗塁は福本豊に次ぐ歴代2位。ただし、記録のために走ることはなかった。

「おれは勝負に関係ないところでは走らない」

そう言って、チームの勝利に結びつかないケースではいっさい走ろうとしなかった。すなわち、広瀬が走るときは勝負どころであり、当然、相手の厳しいマークにさらされる。にもかかわらず、通算盗塁成功率は8割を超えた（82・89パーセント）。この数字は福本の78・08パーセントを上回る。44盗塁をマークした1968年には、95・7パーセントを記録したこともあった。

広瀬がすごいのは、持って生まれた天性だけでこれらの成績を残したことだ。私は20年以上も同じチームにいて、よく行動もともにしたが、広瀬が努力している姿を一度も見たことがない。これはほんとうだ。二軍にいたころでも、素振りさえしなかった。努力なしであれだけの数字を残したから天才なのだ。

その点、同じ天才でも長嶋は違った。私は長嶋に直接訊ねたことがある。

「みんな、あなたのことを天才と言っているけれど、自分でもそう思ってる？」

すると、長嶋は「そうは思わない」と首を振り、こう言った。

「世間が『天才』と言うからそのふりをしているだけであって、人から見えないところで努力しているんだ」

立教大学で長嶋と同期だった南海のエース、杉浦忠も「長嶋はものすごく練習をしていた」と話していた。

イチローも同じ。子どものころから父親に連れられてバッティングセンターに毎日通い詰めたというのはよく知られるエピソードだが、プロに入ってからも猛練習ぶりは変わらなかったようだ。

馬場敏史という、オリックスからヤクルトにやってきた選手がいた。彼に聞いた話では、イチローは朝から晩まで雨天練習場でバッティング練習をしていたそうだ。

ふつうの選手のフリーバッティングは、籠ひとつぶんのボール（おそらく300個くらいだろう）をピッチングマシンに入れて、それがカラになれば終わり。時間にして1時間弱くらいだろうか。しかし、イチローは打ったボールをもう一度拾い集めては繰り返し打っていたそうだ。

「とてもついていけません」

馬場は言っていた。

そう、イチローは天才でありながら練習の虫なのである。努力を怠らない。そこがすごい。長嶋と同じく、〝努力の天才〟でもあるわけだ。だからこそ、誰も真似のできないあのバッティングを生み出すことができた。これだけは間違いないと私は思っている。

第2章

イチローと凡人野村

「ええ選手やな……」

ヤクルトスワローズの監督だった1992年、球場はどこだったか忘れてしまったが、オリックス・ブルーウェーブとのオープン戦でのことだ。試合前のフリーバッティングをケージの後ろから見ていると、名前も顔も知らない、オリックスの若い選手のバッティングが目にとまった。

「ええ選手やな……」

ひと目見て、私は思った。天性を感じた。一流選手になりそうな雰囲気がビンビンと伝わってきた。

当時、オリックスのフロントに私の母校・峰山高校の後輩である金田義倫がいたので、「あれは誰だ?」と訊ねると、高校を出たばかりの新人だという。

あらためて私は驚いた。

「すごい。あれが18歳のバッティングか……」

「いいでしょう」

金田も相好を崩して言った。チームも大いに期待しているようだった。

バッティングもさることながら、足が速い。当然、守っても守備範囲が広く、肩もすばらしかった。

背番号「51」をつけたその選手こそ鈴木一朗、すなわち、のちのイチローだった。

「久々に高卒の選手が1年目から活躍するかもしれないな……」

私は思った。そして、ベンチからすぐさまヤクルトの編成部に電話をかけて、文句を言った。

「あの選手がどうしてうちのドラフト指名リストになかったんだ?」

イチローはドラフト4位指名でオリックスに入団した。全選手中、44番目の指名である。ヤクルトだけでなく、オリックスも含めた12球団のスカウトはみな、この逸材に対してその程度の評価しかしていなかったわけだ。

イチローに注目し、指名を主張したのは、スカウトの三輪田勝利だったと聞いた。

三輪田は早稲田大学、大昭和製紙で活躍したピッチャーで、1969年のドラフト

1位で当時の阪急ブレーブスに入団している。現役時代の彼を私も知っているが、わずか4年で引退。西本幸雄さんのあとを受けて監督になった上田利治から、人柄のよさを買われてスカウトになったそうだ。

その三輪田がイチローを推薦し、当時の編成部長が直接見たうえで、指名を決めたのだという。

聞いたところでは、オリックスのこの年の1位指名は関西学院大学の田口壮で決定しており、三菱重工長崎の本東洋というピッチャーに対しても3位指名を確約していた。イチローの2位指名の可能性もあったが、フロント入りしていた上田利治と、広島時代に数々の逸材を発掘したベテランスカウトの木庭教が、高校通算25本塁打の萩原淳（東海大甲府）という内野手を推し、4位指名となったらしい。イチローは、線が細いと見られたようだ。

オリックス以外には、地元の中日がイチローのバッティングを評価していたそうだが、4位までにその名前は出ず、すんなりオリックスの単独指名となった。契約金は4000万円、年俸は430万円だったとされる。

三輪田はすでに亡くなってしまったので、イチローのどこを評価したのかはわからないが、いずれにせよ三輪田のおかげでイチローはプロ入りすることができたわけである。イチローはいまも三輪田の墓参りを欠かさないそうだ。

イチローを逃した原因はスカウトの固定観念

もっとも、ヤクルトのスカウトもイチローのことを調査はしていたらしい。ならば、最終的に指名リストからはずした理由は何だったのか——。

「どうして名前がないんだ?」と私が訊ねたとき、こういう答えが返ってきた。

「彼はピッチャーだったので、ピッチャーとしての評価しかしていませんでした」

ため息をつくしかなかった。まったく、スカウトというのはいったい選手の何を、どこを見ているのか……。

なるほどイチローは、高校時代はピッチャーだった。2年の夏と3年の春に甲子園に出場しているが、春のセンバツはピッチャーとして出てきたし、バッターとしては甲子園では9打数1安打と記録的には目立った活躍をしていない。だから、野球の素人ならノーマークでもしかたがない。

しかし、スカウトは選手の目利きのプロである。いやしくもプロであるなら、イチローの素質をひと目見ただけで見抜けなくてはならない。

足が速い、強肩である、速い球を投げる、遠くにボールを飛ばす——これらは天性である。本人がいくら努力しても、コーチがいくら鍛えても限界がある。

逆にいえば、それ以外はプロに入ってから教えることができる。ならば、ほかの選手にない天性の資質を持った選手を探してくるのがプロのスカウトであろう。

そして、少なくともイチローの足と肩は、誰が見ても当時から一級品であった。つまりは、「イチローはピッチャーだ」という固定観念、先入観。それがヤクルトのスカウトの目を狂わせたのである。

もうひとつ、スカウトたちには「いいバッター＝ホームランを打てるバッター」という固定観念もあった。イチローは、最後の夏の愛知県予選では打率6割以上をマークしていたというし、ピッチャーだって高校生は打席に立つ。にもかかわらず、バッターとしての評価が低かったのは、「長打」がなかったからだと思う。

バッターに対するスカウトの評価とは「長打」なのである。ヤクルトがイチローを指名リストからはずした最大の理由は、そこにあった。

小久保裕紀のあとを受けて、侍ジャパンの監督に抜擢された稲葉篤紀もそうだった。息子の克則が明治大学にいたので、ある日、明治と法政の試合を神宮球場に見に行った。すると、法大の四番を打っていた稲葉がホームランを打った。翌日も見に行くと、また打った。

当時ヤクルトの監督だった私は、チームに即戦力の左バッターがほしかった。それでスカウトに問い合わせると、リストには稲葉の「い」の字もない。なぜか。

私が稲葉の名前を出すと、スカウトは言った。

「長打力がない」

大学時代の稲葉はファーストを守っていた。

「あのバッティングで、ファーストはどうですかね……」

私が「獲ってくれ」といっても、スカウトたちは否定的だった。つまり、「ファーストならホームランを打たなければならない」という固定観念がヤクルトのスカウトにはあったのだ。実際、稲葉は大学時代、6本しかホームランを打っていなかった。

それで私は言った。

「なんでそんなことにこだわるんだ。だったら外野をやらせればいいじゃないか」

「外野を守っているのを見たことがない」とスカウトは反対した。けれども、ドラフト当日、稲葉は2位までに指名がなかったので、頼んで3位で獲得してもらった。入団発表のとき、稲葉に私は言い渡した。

「キャンプには、ファーストミットじゃなくて、外野用のグローブを持ってこいよ」

首脳陣に否定された〝振り子打法〟

話がやや脱線した。イチローの新人時代に戻そう。

私をして「すごい」と驚かせたイチロー、もとい鈴木だったが、その後いっこうに名前が耳に入ってこなかった。気になったので、翌年、オープン戦で再び金田に会ったとき、訊ねてみた。

「あの鈴木って子はどうした?」

金田によれば、当時の監督だった土井正三が、のちにイチローのトレードマークとなる〝振り子打法〟がお気に召さなかったらしい。

「『あんなフォームでプロの球が打てるわけがない。打ち方を変えないかぎり、一軍では使わない』って言うんですよ……」

金田は残念そうに答えた。

「だったら、うちにくれよ」

球団を通してトレードを申し込んだが、断られた。

そもそも、まだ一軍でろくにプレーしていないのに「それでは通用しないから変えろ」と頭ごなしに命じるのが私には理解できない。自慢ではないが、バッターでもピッチャーでも私は、「それではダメだから、こう変えろ」といきなりフォームをいじったことは一度もない。

「まずはそれでやってみろ」

私ならそう言う。1、2年、そのフォームでやってダメだったら変えればいいだけの話だ。それなら本人も納得できる。

峠を過ぎた選手を再生する際には、アドバイスをすることはある。たとえば、阪神の監督時代には、左のオーバースローだった遠山奨志をサイドスローに転向させた。

ただし、そういうときでも決して頭ごなしに命令はしない。「こういうやり方もあるが、試してみてはどうだ?」という言い方をする。

選手を伸ばすのに必要なのは、「こうやれ」と自分のやり方を押しつけることではなく、足りない部分に気づかせてやることであり、「それならこういうやり方があるぞ」と提案してやることなのである。

たしかにイチローのフォームは、それまでのプロ野球の常識から大きくはずれているように見えたかもしれない。だとしても、私には理にかなった打ち方をしていると思えた。前後には移動するけれども、ミートするときは軸足も重心もぶれていなかった。

だから、かりにイチローがヤクルトに入団していたとしても――たしかにあの打ち方はイチローだからできるのであって、ほかのバッターに「イチローを真似しろ」とはとても言えないが――彼の好きなようにやらせていたはずだ。

土井がイチローを使わなかったのも、まさしく先入観、固定観念のなせるわざ以外のなにものでもない。すべての指導者は選手と対峙する際、「こうでなければならない」という固定観念と、「これではうまくいくはずがない」という先入観を排して臨まなければならない。

それは、選手のいわば生殺与奪権を握っている監督やコーチの義務なのである。

「お手上げです」

その鈴木が登録名を「イチロー」にあらためため、一気にブレイクしたのは、前述したように3年目の1994年のことだった。この年から監督となった仰木彬に抜擢されたのである。

そして、いきなり史上最多の210安打をマークして首位打者に輝き、バッターとしては史上最年少のMVPも獲得。そのほか、ベストナイン、ゴールデングラブ、正力松太郎賞などのタイトルもほぼ総なめにすると、翌年も首位打者、打点王、盗塁王を獲得。オリックス初のリーグ優勝の原動力となった。

そうして、日本シリーズで対戦することになったのが、私の率いるヤクルトだった。イチロー攻略なくして、ヤクルトの日本一はありえない。私はシーズン中からほぼすべてのスコアラーを派遣してオリックスの試合を偵察させ、イチローの弱点を探らせた。

しかし、スコアラーからあがってきたのは、「お手上げです」という言葉だった。

「弱点はありません。ある程度打たれるのは覚悟してください」

「何!? ということは、負けろということか? どんな強打者にも弱点はある。いまこそスコアラーの腕の見せどころだろう。もう一度行ってこい!」

しかし、結果は同じ。

「おまえら、それでもプロか!」

私が叱責しても、スコアラーたちはただうつむくばかりだった。

もっとも、それは覚悟していた。私の目から見ても、データ上ではイチローに弱点は見当たらなかった。キャッチャーの古田敦也も、ほとほと困り果てていた。

とはいえ、イチローに打たせてしまえば、勢いやムードはオリックスに傾くのは明らかで、そうなればヤクルトが勝利するのは難しくなる。なんとしてもイチローを抑えなければならなかった。

「どうすればいいのか……」

私は思案した。

った。

イチロー攻略法はあるのか

困ったときこそ、原理原則に返る——私はいつもそうしている。このときもそうだった。

すなわち、イチローだからといって、あえて特別な攻め方はしない。万人に通用する、オーソドックスな配球で攻めることに決めたのである。

キャッチャーとしての私の経験から、どんな強打者であろうと、ボールカウントがノーボール・ワンストライクもしくはワンボール・ワンストライクになると、真ん中からややアウトコース寄りのストライクゾーンから低めに落ちるボール球には手を出し、引っかけてゴロを打つ確率が非常に高いことがわかっていた。

選球眼がいいバッターは、左右のボール球は完璧に見切るものである。だが、高低の選球は非常に難しい。フォークボールが打ちにくいのも、まっすぐの軌道を描きながら、いきなりストンと落ちるからである。

だから、ダブルプレーをとりたいときには、真ん中からやや外寄りに落ちる球で引っかけさせることが多かった。

私はそのコースを「ゴロゾーン」と呼んでいたが、なぜバッターがわかっていても手を出すのかといえば、ボールカウントにおけるバッターの心理が影響している。ワンストライクという打ちごろのカウントで真ん中に放られると、どうしても打ちたくなってしまうのだ。その気持ちを利用するわけである。

私の対戦したなかでもっとも選球眼がよかったバッターは、大毎オリオンズの榎本喜八だったが、彼でさえ引っかかった。王貞治も、長嶋茂雄も手を出した。どんな強打者であってもこの攻め方は通用した。

「とすれば、イチローであっても攻略できる——」

私は思った。

ただし——そのためにはワンストライクをとることが条件となる。しかし、イチローは、データによると初球から積極的に打ってくるタイプ。不用意にストライクをとりにいけば、イチローのバットの餌食になることは火を見るより明らかだった。

「どうすればいいのか……」

再び私は考えた。

出てきた結論は「ささやき戦術を使う」ことだった。

シリーズ前、取材に来るメディアに対して、私は盛んに言った。

「イチローの弱点はインハイだ。どんどんインハイを攻める」

「ヤクルトバッテリーは内角高めを攻めてくる」とイチローに意識させるためである。

そのために私は「イチローは打つときに右足がバッターボックスから出ている。ルール違反ではないのか？」とも挑発した。

私の言葉がどれだけ影響があったかはわからない。けれども、イチローが内角高めを意識していたことは間違いないと思う。現実として、初球を見逃すことが多かった。また、見逃し方を見ていると、めずらしく右肩が開いてカベが崩れていた。無意識であっても、インハイに気持ちが向いていた証拠である。

古田のリードも見事だった。ぶつからない程度の速球のボール球でインハイを意識させつつ、一球ごとに、たとえばイチローのスタンスの微妙な動きなどから心理状態や狙いを見抜き、かつヤクルト投手陣の長所を活かしつつ、内外、高低、緩急、ストライク・ボールという4つのペアを最大限に使いながら配球を組み立てた。

結果として、第1、2戦はイチローをほぼ完全に封じ込めた。おかげでヤクルトは敵地で連勝スタートを切り、4勝1敗で日本一になることができたのである。

とはいえ、さすがはイチローだった。おそらく私の意図を見破ったのだろう、第5戦では初戦で抑え込まれたブロスのストレートを狙い打ち。ライトスタンドに叩き込んだ。もし、第6、7戦までもつれていたら、果たしてどうなっていたか……。

あらためて思い出しても、ほんとうにやっかいなバッターだった。シリーズ前にはいつもバッテリーを集め、相手打線を想定してシミュレーションしていた。このときのバッテリー・ミーティングは4日間行ったが、丸一日をイチローだけのために費やした記憶がある。

しかも、イチロー対策は配球だけを研究すればいいわけではない。かりに打ち取っても、ゴロを打たせてはまずい。セカンド寄りの二遊間か三遊間に転がれば、内野安打にされてしまう。

だから、セカンドとショートは浅め。一塁線と三塁線はあけて、一、二塁間と三遊間を狭める。あけたところに飛んだらあきらめる。こういう方針で臨むしかなかった（結果的にはこれが成功した）。

さらに加えて、塁に出たときを想定して盗塁対策もしなければならない。そこで、ピッチャー陣には超クイック投法を命じた。すなわち、キャッチャーミットにおさまるまでを1・2秒以内に抑える練習をしろと……。結果として、これも杞憂に終わったのだが、とにかく、これほど手を焼かせられたバッターはいなかった。

〝ピッチャー・イチロー〟との対決

イチローとの関わりでもうひとつ忘れられないのは、1996年のオールスターである。

前年にリーグ優勝した私は、セ・リーグの監督を務めていた。その第2戦である。9回、ツーアウトランナーなしの状況で、巨人の松井秀喜に打席が回ってきた。すると、あろうことかライトを守っていたイチローがマウンドに上がったのである。パ・リーグを率いていた仰木彬と事前の打ち合わせができていたのだと思う。

スタンドはたしかに沸いた。しかし、私は松井を引っ込め、ピッチャーの高津臣吾を代打に送った。

「オールスターという大舞台で、野手をピッチャーに起用するのはオールスターを冒瀆するものであり、対戦バッターに対しても最大の侮辱だ。オールスターを何と心得ているのか！」

そう憤慨したからだ。かつて私が出場することを夢にまで見た、オールスターが貶《おとし》められた気がした。

オールスターは、一流の選手同士がおのれのすべてをかけてぶつかりあう場である。私はそう信じていたし、いまも信じている。たしかにイチローはバッターとしては超一流だ。しかし、ピッチャーとして一流か？　その程度の〝ピッチャー〟をオールスターという舞台に出すことは、松井のみならず、ほかの選手に対しても失礼きわまりないではないか。たとえていえば、長嶋茂雄が私を相手に投げるようなものだ。

おそらく仰木は「ファンサービス」と考えたのだろう。だが、それは断じて違う。ほんとうのファンサービスとは、一流選手同士の真剣勝負を見せることにほかならない。仰木自身、現役時代はオールスターにほとんど出たことがないから、そういうことがわかっていないのだ。

だいたい、出すほうも出すほうだが、のこのこ出てくるほうも出てくるほうである。まともな神経をしていたら、打診されても断るはずだ。

仰木にしても、イチローにしても、要は人がやらないことをやって自分が目立ちたいだけ。そんなよこしまな考えに、なぜわれわれが協力しなければいけないのか——。

松井にも「嫌だろ?」と訊ねると、「はい」と答えた。それはそうだろう。打って当然、かりに打てなかったら何を言われるかわかったものではない。「おもしろそうだからやらせてください」などと言わなかったのは、さすがに松井だと思った。

あの出来事は、ほんとうにオールスターの価値を下げた。いまやオールスターは両リーグの、そして個々の選手のプライドをかけた真剣勝負の場どころか、たんなる遊びの場と化してしまっている。その契機となったのがこの試合だったと私は思っている。

もしイチローがヤクルトに来ていたら……

イチローと私の接点といえば、これまで述べてきたくらいのもので、とくに彼がアメリカに行ってからはまったくないといってもいいが、先ほど「イチローを使わないのならヤクルトにくれ」とオリックスに申し込んだと書いた。もし、それが実現していたらどうなっていただろうか――。

当時としては常識からはずれているように見えたイチローのフォームだが、これについては私は何も注文をつけず、そのまま打たせたであろうことはすでに述べた。そもそも、その打ち方をしていたイチローに惚れたのだから当然だ。

あの肩と守備、そして足があるから、体力的に問題がないと判断すれば、1年目からレギュラーとして起用していたと思う。ただし、ポジションについては迷うところだ。というのも、外野に置いておくのはもったいない気がするからである。

むろん、イチローなら並の外野手では追いつかないような打球でもキャッチできるし、〝レーザービーム〟と評された強肩でランナーを刺すこともできる。外野にイチローがいることで、ランナーが次のベースを狙うことをあきらめたり、二塁ランナーが単打でホームベースに還ることを抑止したりする効果もある（実際、イチローの捕殺数はデビュー間もない1995年の14が最高で、意外なほど少ないが、これはその強肩がランナーをとどまらせる抑止力になっているからだと推測できる）。

逆に、キャッチまでわざとゆっくりした動きを見せ、ランナーに「もうひとつ塁を狙える」と思わせて誘い出し、レーザービームで刺すというような芸当も可能だろう。

しかし、である。そういうケースは現実にはそう多くない。なぜなら、外野に打球はそれほど飛んでこないからだ。一本も飛んでこない試合すらある。はっきりいえば、遊んでいる時間が多いのだ。

私の知るかぎり、外野手で守備練習を一所懸命やっていたのは、山内一弘さんくらいしかいない。

山内さんはレフトを守っていたが、試合前のフリーバッティングのとき、打球をいつも追いかけていた。決して足は速くなかったし、肩も強くなかったが、どの球場でも定位置から何歩行けばフェンスだとか、この場所にワンバウンドで投げればストライクでキャッチャーや内野手に返球できるなどということがすべて頭に入っていたそうだ。練習のときから全部チェックしていたのである。

またも話がそれてしまったが、ほとんどの外野手はバッティングの練習しかしないし、試合で守っているときでも、バッティングのことしか考えていない。それでも外野手は務まってしまうのだ。そこにイチローを使うのは宝の持ち腐れという感じがしてしまうのである。

私なら、ショートストップをやらせてみたい。三遊間や二遊間に抜けるヒットをイチローなら足と肩を使って確実に何割か防ぐだろうし、深いショートゴロでもレーザービームで間一髪アウトにできる。ダブルプレーも増えるだろう。

もうひとつ、「野村といえば『ＩＤ野球』」といわれるほど私の代名詞となっている〝データ〟に関してはどうだろう。

たとえば、広島をクビになってヤクルトにやってきた小早川毅彦や、同じくオリックスから戦力外通告を受けて東北楽天ゴールデンイーグルスに移籍してきた山﨑武司は、どちらも天性に恵まれていたため、それまではただ来た球を打っていたバッターだったが、私のアドバイスによって配球を読むことで甦った。とくに山﨑は2007年、38歳にしてホームランと打点の二冠王を獲得した。

それなら、イチローに対しても私は同じアドバイスをしただろうか。「データを参考にして配球を読み、狙い球を絞れ」と教育したであろうか。

答えは「ノー」だ。

誤解なきよう言っておくが、私は選手に何かを強要したことはないし、誰かれともなく一様に指導しているわけではない。「人を見て法を説け」という言葉があるように、相手を観察し、もっとも効果的だと思われる接し方をする。

イチローから配球を読んでいる気配は伝わってこないが、それであれだけ打てるなら、言うことはない。それに、ああいう天才タイプ、身体が勝手に反応するバッターに対し、「配球を読め」と言ったら、かえって混乱し、打てなくなるのではないかと思う。そういうアドバイスをするとしたら、小早川や山﨑のように天性だけでは反応できなくなったときだろう。

結論をいえば、私はイチローをレギュラーとして起用していたことは間違いないし、ヤクルトでも大いに活躍していたであろうことも確実だ。

ただ、監督としての私と選手としてのイチローには、考え方において大きく相違するところがある。そのため、もしかしたら衝突したかもしれないのだが、それが何かについてはまたあとで語ることにしたいと思う。

第3章

イチローがメジャーに与えた衝撃

海を渡った初のバッター

イチローがシアトル・マリナーズと契約を結んだのは、2000年11月のことだった。

1964年、南海ホークスから、サンフランシスコ・ジャイアンツ傘下の1Aフレズノに留学生として派遣されていた村上雅則がメジャーに昇格、デビューを飾って以来（これにはサンフランシスコに多かった日系人を取り込もうというジャイアンツの思惑もあったと聞いた）、野茂英雄（近鉄バファローズ→ロサンゼルス・ドジャース）、長谷川滋利（オリックス・ブルーウェーブ→アナハイム・エンゼルス）、伊良部秀輝（千葉ロッテマリーンズ→ニューヨーク・ヤンキース）、吉井理人（ヤクルトスワローズ→ニューヨーク・メッツ）、木田優夫（オリックス・ブルーウェーブ→デトロイト・タイガース）、佐々木主浩（横浜ベイスターズ→シアトル・マリナーズ）らが海を渡ったが、彼らは全員ピッチャーだった。

野手としてメジャーに挑戦したのはイチローがはじめてで、またポスティングというシステムで移籍したのも彼が最初だった。

ちなみにポスティングとは、FA権を持たない選手がメジャーへの移籍を希望し、球団もそれを認めた場合に行われるもので、所属球団がその選手を「契約可能選手」としてアメリカの球団に告知し、獲得意思のある球団が入札額を提示。もっとも高い額を提示した球団に独占交渉権を与えるというシステムである。

イチロー以前の移籍は、任意引退というかたちで近鉄を退団した野茂を除けば、トレードかFA権行使もしくは自由契約によるものだった。マリナーズの落札額は1300万ドル強だったという（マリナーズとしては高額と考えたらしいが、いま考えれば安い買い物だったのだろう。たとえば松坂大輔のポスティング額は5000万ドルを超えたという）。

それはともかく、村上がメジャーに定着したころ、われわれ選手のあいだで話題になったことがある。

「もしONがメジャーに行ったら通用するか」

結論はこうだった。

「まあ、無理だろう」

「王でもホームランを20本打てるかどうかだろう」というのがわれわれの共通認識だった。

イチローについても、その実力を疑問視する声は日米双方からあがった。とくにそのころのメジャー関係者は、一部を除けば、日本の野球をよくて3Aくらいにしか見ていなかったから、大半が通用しないとみなしていたようだ。よく知られているところでは、スポーツ専門局『ESPN』のロブ・ディブルという解説者（元メジャーリーガー）がこう述べた。

「もしイチローがひとつでもタイトルを獲ったら、パンツ一丁でタイムズスクエアを走ってやるよ」

けれども、私は確信していた。

「間違いなく通用する」

あの足と肩があるだけでも試合に出場させる価値は十分にあるし、われわれの現役時代に較べると、メジャーリーグ全体の力が明らかに落ちていることも理由のひとつだった。

私が現役だったころ、メジャーと日本の力の差は歴然としていた。日米野球でも勝てる気がしなかった。しかし、いつしかメジャーリーグのゲームを見ても、かつてのように驚かされることが少なくなった。

これにはメジャーリーグのゲームを実際に目にする機会が多くなったことや、私自身の目が肥えてきたという理由もあるが、やはりいちばん大きな理由は、かつては16だった球団が倍近くの30に増えたことだ。必然的に選手が足りなくなり、以前なら3Aレベルの選手がメジャーでプレーするようになったのである。

だから、イチローが通用することに疑いはまったくなかったのだが、じつはマリナーズの監督だったルー・ピネラも懐疑的だったらしい。オープン戦で何度か起用してみたが、イチローが流し打ちしかしなかったからだ。メジャーのピッチャーのボールを引っ張るだけのパワーがないと思ったのである。

そこでピネラは、イチローを呼んでいったそうだ。

「右に引っ張るところを見せてくれないか？」

イチローは次のオープン戦ですぐさまライト方向に鋭い打球を弾き返した。これでピネラの懸念は吹き飛んだという。

だが、そのピネラにしても、イチローがここまでやるとは想像していなかったろう。私だってこれほどとは予想しなかった。

4月2日、地元シアトルにオークランド・アスレチックスを迎えての開幕戦。一番・ライトでスタメン出場を果たしたイチローは、4打席目に初ヒットを記録すると、その年242本のヒットを積み重ね、打率・350で首位打者を獲得したのである。

イチローがその持てる才能を発揮したのはバッティングだけではなかった。先ほど、「あの足と肩があるだけで試合に出場させる価値がある」と述べたように、走塁と守備でも観る者を魅了した。

とりわけ観客のみならずメジャー関係者の度肝を抜いたのが、4月11日のオークランド・アスレチックス戦で見せた守備だった。ライト前ヒットで一気に三塁ベースを狙ったアスレチックスの一塁ランナーを、イチローは約60メートル先から矢のような送球で刺したのである。この送球は「レーザービーム」あるいは「ザ・スロー」と呼ばれ、イチローの評価を一気に高めることになった。

最終的に1年目のイチローは、首位打者のほかにア・リーグ新人王、同MVP、盗塁王（56個）、ゴールドグラブ賞、シルバースラッガー賞（この6タイトルの同時受賞は史上初にして、その後も出ていないという）など主要タイトルを軒並み獲得（前述のロブ・ディブルは公約どおり、パンツ一丁でニューヨークを走ったそうだ）。マリナーズがメジャータイ記録の116勝をあげる原動力となって、地区優勝に大きく貢献。ディビジョン・シリーズでも12本のヒットを放って、リーグ・チャンピオンシップ・シリーズ進出にも寄与した。

そして、4年目の2004年には、じつに262安打を放ち、84年間破られることのなかったジョージ・シスラーのシーズン最多安打記録（257本）を塗り替え、打率・372で2度目の首位打者を獲得したのである。

野球の原点を思い出させたイチローのプレー

こうしたイチローの活躍は、メジャーリーグ関係者はもちろん、ファンにも大きなインパクトを与えたと思う。というのは、イチローは彼らに〝ベースボールの原点〟ともいうべきものを思い出させたのではないかと想像するのである。

イチローが海を渡ったころのメジャーリーグは、いかなる状況だったか――。マーク・マグワイア、バリー・ボンズ、ホセ・カンセコら、薬物などで人工的に増強させた筋肉の鎧をまとったパワーヒッターたちが、ホームランの数を競い合っていた時代である。

よくいえば豪快だが、要はただ力いっぱい投げ、打つだけの単純な野球が繰り広げられていた。それが1990年代後半から2000年代はじめにかけてのメジャーリーグであった。

そんなところに日本からイチローがやってきた。イチローは華奢だ。パワーはない。

だが、誰も真似のできないバットコントロールでどんな球でも広角に打ち分ける技術と、内野ゴロをヒットに変え、果敢に次のベースを狙い、浅い外野フライや内野ゴロでもホームベースに還ってこられるスピードがあった。

ヒット性の打球に追いついてキャッチする広い守備範囲と〝レーザービーム〟と呼ばれるほどの強肩があった（いつしかマリナーズの本拠地セーフコ・フィールドのライトは、厳重な警備で知られるアメリカ空軍基地の名前とイチローの鉄壁の守り、そして背番号をかけて「エリア51」と呼ばれるようになった）。

こうした能力を最大限に発揮して、イチローは縦横無尽にグラウンドを駆け回ったのである。

このようなプレーは、いうなれば〝ベースボールの原点〟である。アメリカでベースボールが誕生したころは、あたりまえのプレーだったはずだ。私が日米野球に出場したころのメジャーリーガーたちも、たとえばウィリー・メイズがそうだったように、パワーだけに頼ることはなかった。俊敏さと緻密さをあわせもっていた。だからこそ、私は憧れ、尊敬した。

しかし、バットやボールなどの用具の進化、科学的トレーニングの進歩もあって、メジャーリーガーたちはしだいにパワーを競い合うようになり、細やかさや緻密さといった要素はホームランの華やかさの陰に隠れ、失われていった。ファンからも顧みられなくなった。

そこに登場したイチローのプレーは、メジャーリーガーやファンのDNAを目覚めさせ、ベースボールの原点を思い出させたのではないか——私はそう思うのである。だからこそイチローは、日本人であるにもかかわらず、ファンから喝采をもって迎えられたのではないか。

スモール・ベースボールの復権

一方で、イチローの活躍は、メジャーリーグの野球自体に変化をもたらすことにもなったと私は思っている。ひとことでいえば、〝スモール・ベースボール〟の復権ということである。

いま述べたとおり、当時のメジャーの野球は、いうなれば〝パワー・ベースボール〟が主流だった。しかし、イチローが登場したことで、かつてブルックリン・ドジャースが〝ドジャースの戦法〟として実践したような、ヒットエンドランや犠牲バントを多用し、守っても連係プレーに代表されるチームプレーを重視する野球に再び目が向けられたのだ。

事実、2002年、アナハイム・エンゼルスがマイク・ソーシア監督のもと、こうしたスモール・ベースボールで初のワールドシリーズ制覇を達成。その後も、エンゼルスのコーチ陣が監督となったタンパベイ・レイズ、サンディエゴ・パドレス、ミルウォーキー・ブリュワーズなどがやはりスモール・ベースボールを駆使して好成績をあげた。

その背景にはイチローの登場があり、こうした流れにさらに拍車をかけたのが、2006年の第1回WBCでの日本の優勝であり、2009年の第2回WBCにおける日本の連覇だったと私は見ている。

第1回大会に出場した日本代表は王貞治が率い、イチローと大塚晶則の現役メジャーリーガーふたりのほか、松坂大輔、上原浩治、和田毅、藤川球児、岩村明憲、福留孝介、青木宣親、西岡剛といったのちのメジャーリーガーたちがメンバーに名を連ねた。しかし、第1ラウンドから予想外の苦戦を強いられ、第2ラウンドでも韓国とアメリカに敗れたことで、準決勝進出は絶望視された。

ところが、アメリカがメキシコに不覚をとったことで日本は辛くも準決勝進出を果たすと、連敗していた韓国にも完勝。決勝ではキューバを下し、初代王座に就いたのだった。

タナボタでの勝利ではあったが、日本はよく戦った。総体として日本の長所を活かした戦い方を見せた。とくに準決勝と決勝の戦いぶりは見事だったと思う。それは、アメリカ代表監督を務めたバック・マルティネスが述べた言葉からも明らかだ。このときのアメリカ代表は、ロジャー・クレメンス、デレク・ジーター、アレックス・ロドリゲス、ケン・グリフィーJr.ら錚々たるメンバーを擁しながら第2ラウンド敗退に終わったのだが、そのチームを率いたマルティネス監督が大会後にこう述べたのである。

「われわれは世界に野球を教えてきたが、いまは日本や韓国から学ぶべきことが多い」

選手たちも、たとえばジーターはこう語った。

「連中（日本人選手）の長所が、そのままわれわれの弱点なんだ。彼らは細かいプレーを本当にていねいにこなしている。走者を進めたり、タイミングよくバントしたり、エンドランをうまく使う。本当にいいチームは、そうやって試合に勝つんだ。ああいう試合では、ホームランばかりに頼ってはいけないのさ」

そして、メジャーリーガーをも脱帽させたこうした日本の〝スモール・ベースボール〟の有効性を2009年に開催された第2回WBCがあらためて示すことになるのだが、ここで最後に主役の座をさらったのはイチローだった。

ドラマを〝演出〟した城島のリード

まずは、そこにいたるまでの経緯を振り返っておこう。

2006年に開催された第1回大会で、王貞治監督のもと初代王座に就いた日本は、連覇を期して原辰徳を新たに監督に迎え、東京での第1ラウンドに臨んだ。しかし、1位決定戦で韓国に敗北。2位で進出したサンディエゴでの第2ラウンドでも、2回戦でやはり韓国に苦杯を嘗めさせられたが、敗者復活戦でキューバを下して準決勝に進出。準決勝ではアメリカに快勝し、またもや韓国と決勝で激突することになったのである。

先攻の日本は先発の岩隈久志が好投。ホームランで同点に追いつかれた5回裏に、レフトの内川聖一が高永民の打球をショートバウンドでキャッチして二塁を狙った高を刺すファインプレーもあって、3対2とリードして9回裏を迎えた。マウンドには準決勝から抑えに回ったダルビッシュ有。日本としては万全の逃げ切り態勢といえた。

ところが、ダルビッシュは先頭バッターを三振に打ち取ったものの、いいコースに投げようという意識が強すぎるあまり、かえってコントロールを乱し、二者連続フォアボールを与えてしまう。それでも次のバッターをなんとか三振に打ち取り、連覇まであとひとりと迫る。しかし、次の李机浩にスライダーをレフト前に運ばれ、土壇場で同点にされてしまったのだった。

李に対するキャッチャー城島健司のリードに対しては、イチロー論からは離れることになるが、ひとこと述べておきたい。

本来、李はストレートが得意なバッターである。スコアラーからもそういう報告があがっていたはずだ。しかし、この試合にかぎっては明らかにスライダーを待っていた。それまでの3打席はストレートをすべて見逃していたうえ、この打席でも2球目の甘いストレートにまったく反応しなかったのがその証拠である。そこに李の狙い通りのスライダーを投げさせたのだから、打たれるのは必然だった。

もっとも、あとで知ったのだが、スライダーが狙われていることは城島も感じてはいたらしい。だが、事前のミーティングで「李はストレートが強い」という情報がスコアラーからもたらされ、ミーティングの際、「変化球主体で攻めよう」という合意がチーム内でできていた。それを無視して自分の判断でストレート勝負にいき、もし長打を打たれて負けてしまったら、みんなに合わす顔がない……そう考えた末のスライダー選択だったという。

しかし、私にいわせれば、それは打たれた責任を転嫁するに等しい。打たれたら全責任を負うのがキャッチャーである。みんなで決めたことだから、たとえ打たれる可能性が高くてもスライダーを投げさせる。そうすれば、たとえ打たれてもなるほど誰も責任をとらなくていいかもしれない。

しかし、それが許されるのはアマチュアである。たとえ自分が悪者になっても、もっとも成功する確率の高い作戦を選ばなければならない。それがプロである。少なくとも私はそう思ってやってきた。城島はそのことをわかっていなかった。

だが……結果的にこの城島のリードが、このあとの劇的な結末を〝演出〟することになったのである。

ワンバウンドをファウルして、「もらった！」

話を試合に戻す。

同点打を浴びたダルビッシュだが、後続を抑え、決勝は延長戦に突入した。

10回表、日本は先頭の内川聖一がライト前ヒットで出塁。稲葉篤紀の犠牲バントでセカンドへ進む。続く岩村明憲の打球はレフト前へ。しかし、韓国の外野が浅めに守っていたため、内川は三塁でストップ。ワンアウト一、三塁となった。

ここで原監督は川﨑宗則を代打に送る。しかし、川﨑は初球をショートに打ち上げ、ツーアウト。打順は一番のイチローに還った。

ご記憶にあると思うが、この大会のイチローは不振を極めていた。

準決勝までの8試合は38打数8安打の打率・211。得点圏にかぎれば打率は・154だった。これほど打てないイチローを見るのははじめてだった。第2ラウンドのキューバ戦で送りバントを失敗したときは、「僕だけがキューバのユニフォームを着ていた」とみずからを責める発言をしたほどだった。

本人によれば、その原因は――以前にも触れたように――「身体ではなく、目でボールを見ようとしていたから」だった。はじめて対戦するピッチャーだと、どうしても目で見てしまいがちになる。そのため始動が遅れたというわけである。

とはいえ、この決勝では初回にセンター前ヒットを放つと、7回、4打席目にはバントヒット。9回にもツーベースを打っていた。そうしてこの打席を迎えたのである。

対するは、韓国が誇るストッパーの林昌勇。

初球は真ん中高めのボール。イチローはアウトコース狙いだったと思われる。真ん中周辺からインコースに目をつけていたら、この初球に手が出ていたことだろう。

2球目はインコースへのストライク。しかし、これは逆球だった。キャッチャーは外角に構えていたのに、コントロールミスで内角に来たのである。インコースとはいえ、よけるほどの球ではないのにイチローは驚いたように腰を引いたことから、やはりアウトコースを待っていたのだろう。

3球目はそのアウトコース。イチローは手を出し、ファウル。ワンボール・ツーストライクと追い込まれた。

4球目のボール気味の球を再びファウルしたあとの5球目は、ワンバウンド気味のボール球。イチローはこれを打ちにいき、またもファウル。追い込まれていたことに加え、バットに当てられる範囲が広いだけに、ついバットを出してしまったのだと思う。

ふつうのバッターなら、「ああ、ボールを打っちゃった……」と反省するところ。しかし、イチロー本人は違った。このファウルで思ったのだという。

「もらった！」

つまり、ヒットを打てると確信したというわけだ。

ワンバウンド気味のこの球は、これまでなら空振りしていたはずである。それをバットに当てられたことで、「身体でボールを見る」感覚が戻ったと判断し、自信が甦ったのだろう。

6球目は高めの球をファウル。7球目はアウトコースに大きくはずれるボールでツー・エンド・ツー。そして迎えた8球目は、真ん中やや外寄りの絶好球。すかさずイチローはこれをセンターに弾き返し、内川がホームイン。イチローのタイムリーで日本は勝ち越した。

この球は、明らかに林のコントロールミスだ。まさしくイチローのヒットゾーンだった。これまで難しい球をすべてカットしてきたことがここで効いた。韓国バッテリーとしては、もはや投げる球がなくなったのである。結局、この1点が決勝点となり、日本は連覇を達成したのだった。

〝持っている〟男

第2回大会に臨むにあたって原は、日本代表チームを「侍ジャパン」と名づけ、「日本力」なるものをスローガンに掲げた。日本力とは何かということについて、原は大会前にこう話していた。

「野球は、選手個人のスキルだけでなく、自己犠牲というメンタル的な部分が大事。ほかの競技に較べ、考えるという部分も大きい。日本人に向いているところがある。日本力を出せば、優勝できると思っている」

すなわち、「日本野球の優れた部分を引き出せば結果はついてくる」ということだ。

実際、ダルビッシュ、松坂、岩隈らを擁する投手陣を中心に、選手たちはよく戦ったと思う。それぞれが自分に課された役割を理解し、責任を果たそうとしたことがプレーの随所に感じられたし、国を背負っているという誇り、そのためにはどんなことをしても勝つんだという強い気持ちも伝わってきた。

大会を通じて日本が打ったホームランは4本。決勝ラウンドに進んだチームではもっとも少なかった（ほかの3ヵ国、アメリカ、ベネズエラ、韓国はいずれも2桁を記録した）。

技術力とパワーで勝負するアメリカやキューバではなく、安定した投手力を中心に守りと機動力を駆使し、個人ではなく組織力で戦う日本が連覇を飾ったことが、メジャーリーグにおけるパワー・ベースボールからスモール・ベースボールへの転換をさらに推し進めたのではないかと私は思う。その引き金を引いたのがイチローだった。

イチローの登場がこうした質的変化のきっかけとなり、その流れにWBCが拍車をかけた。私はそう考えているわけだ（ただし、そのおかげでいまやWBCは完全に日本人選手の〝見本市〟と化してしまい、大会が終わるたび、メジャーのお眼鏡にかなった選手たちが渡米するようになってしまったのだが……）。

それにしても、である。野球に「もし」と「～だったら」が無意味であることは承知したうえであえて言うが、そもそもダルビッシュが9回を無難に抑えていれば延長に入ることはなかった。実際、城島が李に対してストレート勝負のサインを出していれば、その可能性は高かった。

延長に突入しても、岩村のヒットが左中間や右中間に飛んでいれば、内川は三塁でストップすることなく生還していたはずだ。かりにそうならなくても、代打の川崎がヒットを打つか犠牲フライをあげれば、それで勝ち越し。イチローがヒーローになることはなかった。

優勝を決めたあとの記者会見で、いみじくもイチローは言った。

「韓国のユニフォームを着て、キューバのユニフォームも、いろんなチームのユニフォームを着ました。しかし、最後にジャパンのユニフォームを着て、おいしいところだけいただきました。ほんとうにごちそうさまでした」

自分が不振で、結果的に韓国やキューバの味方をしたが、最後の最後に日本のための仕事をさせてもらった。そういう意味だろう。

たしかに、終わってみれば、イチローの印象が強く残るＷＢＣだった。イチローはやはり〝持っている〟男なのだろう。

第4章

イチローの「言葉」を読み解く

マスコミ嫌いともいわれるイチローは、メディアの取材に応じることが少ない。

しかも、そこで発される言葉は、天才ならではの独特の言い回しが多く、真意がわからないものが少なくない。

そこで、彼が何を考えているのか、その哲学と思考を、彼が残した発言から私の意見もあわせて紹介しながら、探ってみたいと思う。

結果を出し続ける

「ヒットを一本増やしたいとポジティブに考えるのです。そう思っていれば、打席に立つのが楽しみになりますよね。」

イチローの考え方をよく表している言葉だと思う。打率を守りたいと意識すると打席に向かうのが怖くなるが、ヒットを打ちたいと思えば楽しくなるとイチローは言う。

ちなみに私は、スランプのときもどうすれば脱出できるか考えるのに一所懸命、少しでも結果を出したい一心で、一度も打席が怖い、逃げたいと思ったことはないが、それはともかくとして、たしかにイチローがこだわっているのは、打率ではなくヒットのようだ。「打率は凡退すれば下がるが、ヒットは減らないから」という意味の発言も記憶にある。

メジャーデビューした2001年から、メジャー新記録となる10年連続200安打を記録したイチローだが、その間、首位打者になったのは2回だけ。しかし、ヒットの数は1位が7年間、2位が3年間で、これはすなわち、不振だったシーズンが一度もないということになる。

これほど長いあいだ安定した成績をあげた選手は過去にもいないそうだ（8年連続200安打の記録を持っていたウィリー・キーラーはヒット数1位が3年間、3位と4位が一度ずつあり、20世紀になってからの最高記録だった7年連続のウェイド・ボックスは、1位になったのは一度だけで、4位が2回あるとのこと）。

ところで、この発言の意味するところについては述べておきたいことがあるのだが、それについては章をあらためて語ることにしたいと思う。

「パワーはいらないと思います。それより大事なのは、自分の「形」を持っていないといけないということ。」

イチローは、しばしば「形」という言葉を口にするそうだ。自分の形がつくれれば、「練習をしなくても打つイメージができているから、打っている感覚を取り戻すのも早くなった」という発言もあった。

誰でも「型＝フォーム」を持っている。だが、それが「かたち」になっている人間はそういない。イチローも「最初は真似ごとからはじまる」と述べているように、技術的進歩は真似からはじまると私は思っている。「まなぶ」とは「まねぶ」、すなわち「真似る」に由来するそうだが、しかし真似で満足してはダメなのである。「真似ぶ」を「学ぶ」まで高めて、はじめて自分の「かたち」ができる。

イチローも「同じかたちを真似したとしても、そこで本人が何を感じながらやっているかというのが結果に大きく関わってくる」と語っているが、バッティング・フォームなら、それを徹底的に突き詰めて考え、繰り返しバットを振って自分のものにすることが大切なのだ。そうなってはじめて、型がかたちになる。

昔、そんなことを評論家の草柳大蔵さんに言ったら、次のように補足してくれた。

「〝ち〟は血、乳、霊なんです。〝水霊〟と書いて〝みずち〟と読むように、霊は人間の精神的エネルギー、血や乳は民族の伝統的エネルギーを指している。つまり、〝かたち〟は〝型〟がエネルギーによって表現されたとき、はじめて成り立つものなのです」

「結果ではなくて、プロセスのなかで自分がどうあったかが、すごく大事です。」

みずからの名前を冠した学童軟式野球大会で、少年たちに語りかけた言葉とのこと。

イチローは「結果を出せないと、この世界で生きていけません。プロセスは野球選手としてではなく、人間をつくるために必要です」とも話している。しかし私は、プロであってもプロセスは非常に大事だと考えている。

たしかにプロである以上、つねに結果を求められるのは当然である。しかし、結果の裏側にあるものは何か。プロセスである。いい結果は、正しいプロセスを経てこそもたらされる。逆にいえば、どんなにいい結果が出たとしても、正しいプロセスを踏んだものでなければ、しょせんは偶然の産物にすぎない。ほんとうに身についたわけではないのだから、長続きはしない。だから私は選手たちに言い続けてきたのである。

「プロフェッショナルのプロは、プロセスのプロ」

「結果はあとからついてくるという感覚は、たぶん持てないだろうし、持ちたくもない。しっかり結果を追い求めて、追いかけたい。」

2011年、「数字を意識するか？」と訊かれての発言。非常にイチローらしい。

私とは絶対に相容れない。

四番を打っていた私は、チャンスで打順が回ってくると、「よし、おれがホームランで決めてやる！」と思うことがあった。でも、そういうときにかぎって、力んだり、ボール球に手を出したりして結果はよくなかった。むしろ「次のバッターにつなごう」と謙虚に考えたときのほうが、かえってホームランが出たりした。

人間は誰しも欲があり、欲自体は悪いことではない。「こうなりたい」「こうしたい」という気持ちが努力をさせ、成長させる。ただ、欲に凝り固まると、往々にして結果が出ないばかりか、自己中心的になって周囲に悪影響を与えることになる。

つまり、欲から入って、欲を捨てる。これが大切なのだ。凡人は、「自分がヒットを打ってやる」ではなく、チームのために何ができるか、何をすべきかを考えたほうが不思議と結果もよくなるはずなのである。

「小さいことを重ねるのが、とんでもないところに行くただひとつの道と思う。」

メジャー最多安打記録を更新したときの言葉である。

これは私も同感だ。目標というものは、一足飛びに達成できるものではないし、よほどの天才でないかぎり、いきなり大きな仕事もできない。小事を大切にし、積み重ねていくことで、徐々に、しかし着実に目指すところに近づいていくのである。天才・イチローでさえ、こう言っているのだ。小事が大事を生むのである。

プレッシャーと向き合う

「第三者の評価を意識した生き方はしたくありません。自分が納得した生き方をしたいです。」

これも、いかにもイチローらしい言葉だ。

ただし、これはあれだけの実績を残したイチローだからこそ言えることだし、言っていいことだと私は思う。

人間は自己愛で生きている。それなしでは生きられない。誰しも自分がいちばんかわいい。だから、自分に対する評価はどうしても甘くなる。「よくやった」と自分をほめてやりたくなる。

しかし、自分では「納得した」と思ったことでも、第三者の目で客観的に見れば、

「妥協した」と映ることが多い。たんなる甘え、自己満足といってもいい。低いレベルで「納得」していては、それ以上努力しようとしなくなり、成長も止まるのは確実だ。

私が思うに、評価とは自分が下すものでなく、他人が下すものである。そして、他人の評価のほうがたいがいは正しい。そのことを頭に入れておかないと、評価されていないと感じたとき、「自分はこんなにがんばっているのだから、それを認めない周囲がおかしい」と思いかねない。自分が納得するのではなく、他人を納得させる生き方を目指すべきだと私は思うのだが……。

「プレッシャーのかかる感じはたまりません。僕にとっては最高ですよね。ものすごく苦しいですけど。」

2004年、最多安打記録を更新したとき、重圧について語った言葉だという。

2002年のシーズン終了後には、「選手である以上、プレッシャーは感じていたいと思います。プラスにするのもマイナスにするのも自分次第です。プレッシャーのない選手でいたいとは思いません」とも話している。そういえば、長嶋も昔、「プレッシャーを楽しむ」と言っていたのを思い出した。

私自身も四番を打っていただけに、重圧のかかる場面で打席に入ることは多かった。でも、プレッシャーを背負ってプレーしたという記憶はあまりない。というのは、「ここで打たなきゃいけない」とは考えなかったからだろう。そんなとき、私はこう思った。

「打ちたい！」

「打たなきゃいけない」と思うのは、打てなかったときに対する恐怖感だが、「打ちたい」というのは自分のなかから湧き上がってくる欲求である。「打たなきゃいけない」と思うとプレッシャーになるが、「打ちたい」と思えば楽しみになる。ということは、イチローも長嶋も、プレッシャーに対する感じ方は私とそれほど違わないのかもしれない。

「楽しんでやれとよく言われますが、僕にはその意味がわかりません。」

シーズン最多安打のメジャー記録を塗り替えたときの発言。「楽しむというのは、決して笑顔で野球をやることではなくて、充実感を持ってやることだと解釈してやってきました」とイチローは言った。

私も「楽しむ」というのがわからない。野球場にいること、練習することが「楽しい」とは思っても、たとえばバットを振ることを「楽しむ」という感覚はなかった。私に言わせれば、「楽しい」と「楽しむ」は違うのだ。

とくに何かをつかみかけているときは、非常に楽しかった。夜中に何回も目が覚めた。「早く朝にならないかな」とグラウンドに出ていくのが待ち遠しかった。我慢できずに飛び起きて、バットを振ったことも何度もある。それは「楽しもうとしている」のではなく、「楽しかった」のだ。イチローの言う、「充実感」だったのだろう。

アマチュアなら「楽しんで」いい。だが、プロである以上、「楽しんで」やっていいはずがないと私も思う。

「小さなことでも満足するのはすごく大事。」

3000安打を達成したときの会見で、「3000安打の達成感をどう消化して次に進むのか」と訊かれて。

「達成感を感じてしまうと前に進めないのでしょうか。そこが僕には疑問。達成感や満足感を、僕は味わえば味わうほど、前に進めると思う」と語り、満足を味わえば「次へのやる気が生まれてくると、僕は経験上信じている。これからもそうありたい」。

イチローはそう続けた。

私の考えは正反対だ。ヤクルトは日本一に3度なったが、3度とも翌年はBクラスに転落した。もちろん、翌年は優勝したシーズン以上の努力が必要なことはわかっている。

「優勝は過去のこと。新たな気持ちで臨もう」と私も選手たちを叱咤し、鼓舞した。けれども、どこかで満足している自分たちがいるのである。連覇が難しい理由はここにある。

むろん、自信を持つことは非常に大切だ。だが、満足すべきではない。ふつうの人間は、イチローほど強くない。

満足してしまえば、「これくらいやればいい」と妥協してしまいかねない。それが「これ以上は無理だ」という自己限定につながり、満足→妥協→自己限定という負のスパイラルに陥ってしまう。そうなれば、それ以上成長のしようがないのは当然。「満足はプロには禁句」なのである。

「打てば打つほど、わかってくればくるほど、難しくなる。」

オリックス時代の1999年、史上最速で1000安打を達成したときの言葉。メジャーで1000安打をマークしたときにも「こっちに来てもやっぱり変わらない。野球、とくに打つことはかんたんになることはないと感じている」と話した。

まるで禅問答のようだが、要は「完璧はありえない」ということではないか。イチローはいっている。

「安打にできるはずなのに、それを自分の主体によって凡打にしてしまう。僕は極めて打ち損じが多いと思います。相手にやられるのではなくて、自分ではとらえられるのに、何かの狂いで凡打にしてしまう」

完璧はありえないから「このくらい打てればいい」と考えるか、それとも完璧はありえないからこそ、完璧を目指そうとし、あらゆる努力を重ねるのか。一流はもちろん後者である。

年間最多安打記録を更新したシーズン後には、イチローはこういう発言を残している。

「完璧にはなれないのはわかっていますが、それに向かっていこうと思うのが野球選手だと思います」

失敗から学ぶ

「あこがれを持ちすぎて、自分の可能性をつぶしてしまう人はたくさんいます。自分の持っている能力を活かすことができれば、可能性が広がると思います。」


これも最多安打記録を更新したときの言葉である。「身体が大きいことにはそんなに意味はないとアメリカに来てから強く思う」とイチローはいった。

つまりは「おのれを知れ」ということではないかと思う。そして、それは私が選手たちに言い続けてきたことでもある。

およそプロの世界に入ってくるような選手であれば、能力にそれほどの差はない。であれば、結果を出す選手と出せない選手の差がどこにあるかといえば、自分の長所に気づいているか、もしくはそれを活かす術をわかっているかどうかが非常に大きいのである。

必ずしも「自分がしたいこと＝自分に合っていること」とはかぎらないし、自分では長所と思っていることが他人から見ればそうでないことはめずらしくないのだ。

『徒然草』にこういう一節がある。

我を知らずして、外を知るといふ理あるべからず。されば、己れを知るを、物知れる人といふべし。

「自分を知らずしてほかのことを理解できるわけがない。自分を知る人を物知りというう」のだと兼好法師が言うとおり、すべてはおのれを知ることからはじまる。自分を知れば、おのずと自分を活かす方法、場所がみつかるものだ。それがわからないと、見当違いの努力をすることになりかねない。

もしイチローがホームランに憧れて身体を大きくし、パワーをつけても、かえって長所であるしなやかさ、柔らかさが失われ、マイナスの結果しかもたらさなかったに違いない。

「自分がわからないことに遭遇するときや、知らないことに出会ったときに、「おっ、自分はまだいける」と思います。」

私も選手たちに自戒を込めてよくいった。

「無知無学を自覚せよ」

ソクラテスの言葉に「無知の知」というものがある。「自分が無知であると自覚している人間は、自分が無知であることを知らない人間よりも賢い」という意味である。

自分が無知であることを自覚していれば、そしてそのことを恥だと感じれば、「自分はまだまだだ、二度と恥はかきたくない」と考え、「もっといろいろなことを知りたい、もっと学びたい」という意欲も強くなるはずだ。無知であることを知らない人間より、それだけ成長する可能性が高くなるというわけである。

無知無学を自覚することが、成長と進歩を促すのだ。


「僕は日米通算3000安打を達成したけど、6000回以上の失敗があります。失敗からたくさんのことを学んでほしい。」


2008年、学童軟式野球大会の開会式のあいさつで話した言葉だという。日米通算4000安打を達成したときにも、「4000本のヒットを打つために8000回以上の悔しい思いをしてきている。誇れるものがあるとすれば、その悔しさと向かい合ってきたこと」と語った。

これはまさしく同感だ。

「失敗と書いて、成長と読む」

私はよく言う。人間というものは、成功したときにはどうしてうまくいったのかはそれほど考えない。失敗したからこそ、「なぜ?」と原因を突き詰め、「自分のやり方は間違っていたのだろうか」と自省し、「ではどうすればいいのか」と考える。その繰り返しのなかで人は成長するのである。私自身、まさにそうやって生きてきた。

まして野球は、イチローも言うように、「失敗のスポーツ」。失敗の確率をできるかぎり引き下げることが勝利への、成功への近道となる。そのためには、成功よりはるかに多い失敗を次に活かすことが大きな意味を持つ。失敗を糧にできる選手・チームと、できない選手・チームとでは、結果に大きな差が生じるのである。

これは野球にかぎった話ではない。イチローもアメリカの小学校を訪れた際、子どもたちにこう語りかけたという。

「何かをしようとしたとき、失敗を恐れないでやってください。失敗して負けてしまったら、その理由を考えて反省してください。必ず将来の役に立つと思います」

成功し続けの人生なんて、絶対にない。成功より失敗のほうが多い人がほとんどだろう。たしかに失敗を振り返るのは気分がいいものではない。だが、失敗を遠ざける者は、成功をも遠ざける。失敗を受け入れ、原因をつきとめ、そこからどれだけ学ぶことができるかによって、その人の人生はずいぶん違ってくると私は思う。

長く続く強い発見は、凡打をして、その凡打の理由がわかったときなのです。

この言葉も失敗から学ぶという姿勢の表れだろう。失敗には「必ず理由がある」とイチローは語っていた。

私も監督時代、よく口にしたものだ。

「勝ちに不思議の勝ちあり、負けに不思議の負けなし」

勝利や成功は運や勢いによってもたらされることがある。しかし、失敗には必ず原因がある。「なぜ凡退したのか」「なぜ空振りしたのか」「なぜ負けたのか」……。「なぜ」を問うことで、人は考え、創意工夫し、試行錯誤する。

「なぜ」という疑問をつねに抱き、理由を考え、修正し、試すことで、選手は同じ間違いを繰り返さなくなるだけでなく、もう一段階上のレベルに上がることができる。

野球とは、仕事とは、そうしたことの繰り返し。「なぜ」にはじまり、「なぜ」に終わるのである。

「僕のなかのスランプの定義というのは、感覚をつかんでいないことです。」

スランプについて訊かれると、イチローはこう答えるそうだ。

二流選手ほど「スランプ」という言葉をよく使う。「未熟」をスランプだと誤解しているからだ。スランプとは、仕事に対して研究と工夫、努力をし続け、実績を残した人間が、最大限のことをしても結果が出ないときに、はじめて口に出していい言葉。むろん、イチローはそのひとりである。

感覚というのは言葉には表せないのだが、その意味するところは私もわかる。ある日の練習で、いい感覚でバットが振れた。その感覚を、寝たら忘れてしまうのではないかと不安でしかたがなかった。だから、いつもバットを枕元に置いていた。

イチローは感覚をつかんでいないときがスランプだというが、私の場合は調子がいいときでもその感覚が持続せず、忘れてしまった。「昨日はうまく打てたのに、どうして今日は……」ということが再三あった。そこが天才・イチローと凡人である私との違いなのだろう。

つねに先を考える

「自分にとっていちばん大切なことは、試合前に完璧な準備をすることです。」

正しいプロセスを踏むために、もっとも大切なことは何か——。

準備である。

「一に準備、二に準備」「そなえあればうれいなし」

私は選手たちにことあるごとに説いた。

バッターの立場でいえば、プロのピッチャーがかんたんに打てるボールを投げてくるはずがない。しかし、どんなにいいピッチャーでも失投はある。この失投を確実にとらえられるかどうかが一流と二流を分けるのであり、そのために不可欠なのが周到な準備なのである。

準備とは要するに「意識づけ」だ。専門家の話では、意識には有意識と無意識があり、人間の行動は9対1の割合で無意識に左右されるという。

何の準備もなしにただ来た球に反応するのが無意識によるものだとすれば、「狙い球を絞る」というような準備は有意識による行動となる。バッティングにおいて有意識が占める割合が高くなればなるほど、失敗する確率は低くなるだろう。

来た球に自然と反応できる天才のイチローであっても、その陰には試合前の入念な準備があったことを物語る発言である。

「考える労力を惜しむと、前に進むことを止めてしまうことになります。」

考えることは、どんなに時間と労力をかけてもムダにはならない。たとえ考えたことが間違っていたとしても、間違っていたことに気がつけば、選択肢をひとつ減らしたという意味で進歩となる。そうやって試行錯誤を繰り返すうちに、いつかは正解にたどりつけるだろうし、そのときはムダに思えたことでも、時間が経てば役に立つこともある。イチローの言うとおり、考える労力を惜しんで思考を止めてしまえば、それ以上の進歩も成長もないのである。

イチローはメジャー3000安打を放ったときもこう語った。

「ただバットを振って3000はおそらく無理。それなりに長いあいだ、数字を残そうと思えば、脳みそを使わないといけない。使いすぎて疲れたり、考えていない人にあっさりとやられたりすることもたくさんあるけれど、それなりに自分に説明ができるプレーをしたいというのが僕の根底にある」

天才でさえ、こうなのだ。私はよく言う。

「技術力には限界があるが、頭脳には限界がない」

壁にぶつかったとき、「もうダメだ」とあきらめてしまうか、それとも「どうすれば乗り越えられるか」と徹底的に考えるか。それが一流と二流を分けるのである。

「つねに先のことを予測する習慣をつけることは、大事だと思います。」

「〝予〟を大切にせよ」と私も選手たちによく言った。予感、予想、予測、予防、予習……の「予」である。

「予」は「あらかじめ」と読む。あらかじめ感じ、想い、測り、防ぎ、習う……つねに「予」を意識し、大切にすることは、正しいプロセス、すなわち準備をすることにつながる。イチローは先の言葉に続けて、こう語っている。

「その習慣が、一瞬の大事なときに生きます。ムダになることもたくさんありますし、自分が絡んでいないプレーで予測しているとすごく疲れるのですが、自分が疲れるからといって投げ出してしまっていては、プレーヤーとしての能力も止めてしまいます」

そのとおりだと私も思う。

「初心を忘れないことっていうのは大事ですが、初心でプレーしてはいけないのです。成長した自分がそこにいて、その気持ちでプレーしなくてはいけません。」

これも禅問答のようだが、思うに「慢心してはいけない」という意味ではないか。野球をはじめたときに立てた志を持つのはいいが、いつまでもそれを基準にしていてはいけないのだと……。

「いつまでも初心でいては、成長していないともいえる」

イチローはそうも語っている。

古田敦也が2年目に首位打者を獲った。翌年のオープン戦で私は古田をスタメンからはずし、物議を醸したことがあった。

キャンプで古田を見ていると、決して手を抜いているわけではないし、本人は一所懸命、まじめにやっているつもりなのだろうが、前年に較べると明らかに発せられる熱量が低下していた。
すなわち、一所懸命とまじめのレベルが落ちていたわけだ。そういう状態を「慢心」と呼ぶのである。首位打者になったことで、本来ならば前年以上に気持ちを入れて取り組まなければならないのに、そしておそらく本人もわかっていたのだろうが、気づかないうちに慢心していたわけだ。
そうなれば落ちるのはあっという間。そこに気づかせるためにあえてお灸をすえたのである。

「過去にやってきたことや、昨日までの結果というのは、何の意味もないものと思って、日々やってきました。」

ヤンキースに移籍したときにそう言ったそうだ。前の発言と矛盾している印象がないでもないが、イチローに言わせれば、結果に満足したうえで、あえてそれを断ち切り、次へ向かうという意味なのだろう。

「前後際断」

私はそういう言葉をよく使った。つまり、終わったことも先のことも断ち切って、一球一球、一打一打、一試合一試合に全力を傾けるということだ。

成功を体験することは非常に大切である。自信が生まれ、さらなる向上心が呼び起こされる。だが、それにとらわれてしまうと、マイナス効果をもたらしかねない。

成功体験は甘美であるがゆえ忘れられず、自分の考え方、やり方にこだわって、変わることができない。人の意見も素直に聞けなくなる。成功体験は成功体験として大事にする一方で、過去のことは過去のことと割り切る。

慢心を防ぎ、もっと成長するためにはそういう姿勢が大切だと私も思う。

第5章

イチローは王・長嶋を超えたのか？

首位打者に左バッターが多い理由

日本にプロ野球が誕生して八十有余年。私自身、60年以上もこの世界で生きてきた。つまり、私は名選手のほとんどとはいわないまでも、相当数をこの目で見てきたと言っていいだろう。

そのなかには数々の強打者も含まれる。そうした強打者と較べて、イチローはどのように位置づけられるのだろうか。

高い打率を残すのは左バッターが圧倒的に多い。これは事実だ。川上哲治さん、榎本喜八、張本勲、王貞治、若松勉、篠塚利夫、ランディ・バース、鈴木尚典、小笠原道大、松中信彦、青木宣親、糸井嘉男……。

歴代の首位打者にも左バッターが数多く名を連ねる。

これには理由がある。前にも述べたように、左バッターは一塁に近いだけに、少しでも早く走り出そうとする。それが無意識のうちにフォームに表れる。

こういう走り打ちは、強い打球を打ち返せないだけでなく、身体が開きがちになり、タイミングを崩されやすくなることも先に述べた。また、スイングの際にバットのヘッドが下がり気味になり、速球に対しては凡フライを打ち上げやすい傾向もある。

ただ、その一方で、身体の開きが早いぶん、インコースに入ってくるボールにもついていくことができるのだ。

したがって、インコース一辺倒、あるいはアウトコース一辺倒の配球であれば、どんなに球にキレがあっても、ヒットにできる確率が高くなるのである。長年キャッチャーを務めてきた私が言うのだからたしかだ。

右バッターだとこうはいかない。身体が三塁方向に回転するため、スイングと走り出す動作が連動しない。インコースに食い込んでくるシュートをフェアエリアに打ち返すには、相当な技術を必要とする。右バッターに私のような引っ張り専門が多いのは、ここに理由がある。

また、ベルトの高さで真ん中よりややアウトコースのゾーンをうまく打つのも、左バッターのもうひとつの特徴である。

低めならいい当たりでもショートゴロですむが、少しでも高めに浮くと、ショートの頭を越される。場合によっては、左中間を越え、最悪スタンドまで運ばれるおそれがある。

とりわけ張本の左中間へのホームランは、私が見てもほれぼれするほどであった。このあたりが、右バッターに較べ、左バッターが高い打率を残せる理由なのだ。

赤バットの川上と青バットの大下

左の強打者といって私が思い浮かべるのは、川上さん、大下弘さん、榎本、王、張本、若松、前田智徳、そして松井秀喜あたりになるだろうか。

通算打率・313という記録を残している川上さんは、少年時代の私の憧れの選手だった。ラジオしかない時代、私は雑音まじりの野球中継に懸命に耳を澄まし、〝打撃の神様〟の雄姿を想像したものだ。プロに入ってからも、オープン戦やオールスターの際には川上さんのバッティングを食い入るように見つめた。

いちばん驚かされたのは、バッターボックスに入って構えると、もう微動だにしなかったことだ。バッターボックスをはずすこともない。そのおそろしいほどの集中力には、脱帽するしかなかった。「ボールが止まって見えた」という有名なエピソードも、その集中力がなせるわざだったのかもしれない。

じつは私も同じような経験がある。絶好調のときは、ストレートも変化球も全部、自分の得意なコースに吸い込まれてくる感じがした。目をつぶっても打てそうな気がしたものだ。おそらく、それだけしっかりボールを見ていたということなのだろうと思う。ある程度のバッターなら、同じような体験をしているのではないだろうか。

川上さんといえば赤バットだが、それに対抗して青バットでホームランを量産したのが大下さんである。

大下さんは戦後すぐデビューして、いきなり20本塁打を放った。同年の川上さんの記録は10本、藤村富美男さんが5本、青田昇さんが3本だから、その数字は破格といっていい。「ポンちゃん」というニックネームは、明治大学時代、ポンポンと大きなフライを打ち上げるところからついたという。

私がそのバッティングを見たときには、大下さんはすでに選手晩年を迎えていたので、それほど強烈な印象はないが、川上さんとは対照的に、構えるときにグリップを大きく動かしていたのが記憶に残っている。それでタイミングをはかっていたのだろう。

あの鶴岡一人監督が、唯一「天才」と認めていたバッターだった。三原脩さんも、

「日本の野球の打撃人を5人選べば、川上、大下、中西、長嶋、王。3人選べば、大下、中西、長嶋。一人ならば大下」と述べていたことからも、全盛期はどれだけすごかったか、想像に難くない。1951年には、バースに破られるまで日本記録だった打率・383をマークしている。

安打製造機　榎本、張本、若松

榎本と張本は、私と同世代と言ってもいい。ともに〝安打製造機〟の異名をとった。

榎本は私よりひとつ年下だが、早稲田実業から毎日オリオンズに入団するや、開幕戦からクリーンナップの一角を占め、打率・298、16本塁打をマーク。オールスターにもスタメン出場し、新人王を獲得した。当時私はまだ二軍暮らしで、合宿所で「すごいやつが出てきたなあ」と驚いていたものだ。

彼の師匠は、王の師匠でもある荒川博さんで、王と同じく合気道から多くのヒントを得ていたようだが、とくに驚かされたのは選球眼だった。とにかく際どいボールに対してもピクリとも反応しない。あれほど選球眼のいいバッターは、あとにも先にも見たことがない。対戦するのがもっとも嫌なバッターだった。

一方、張本は日本プロ野球史上、唯一3000安打を達成したバッターである。〝広角打法〟と称されたように、右に左に自在に打ち分け、首位打者を獲得すること

7度。歴代3位の通算打率・319という記録を残している。

張本がこれだけの記録を残したのには、じつは私の存在も少なからず影響しているらしい。通算504本塁打を放っているように、張本には長打力もあった。若いころはホームラン王を目指していたようだ。だが、同じリーグに私がいた。

「ホームランではノムさんにかなわない。だからあきらめた」

ヒット狙いに徹した理由を、張本は私にそう打ち明けた。

「おれのバッティングはノムさんが変えたんだ」

ボソッとつぶやいたのを憶えている。

その張本を上回る、通算打率・3198を残したのが若松である。若松の身長は170センチに満たない。にもかかわらず、それだけの記録を残せたのは、軸足を回転軸とする下半身重視のバッティングを会得したからだと私は見ている。

繰り返すが、左バッターは一塁ベースが近いだけに、無意識のうちに少しでも早く一塁方向に踏み出そうという「無意識の意識」がある。そのため、身体の開きが早くなってしまい、スイングしながら右足が一塁方向に流れがちになる。イチローの登場以来、そういう〝走り打ち〟をする左バッターが急増した。

しかし、若松にはそういう「無意識の意識」が微塵も感じられなかった。とくに重視していたのは両足の親指だという。親指を支点にして、足首、膝、腰、肩、ひじ、手首の順に回転させる。そうするとバットがいちばん最後に出てくる。ボールをとらえる瞬間に、全身の力をボールにぶつけることができたのである。

「ボールに身体ごと飛び込んでいく」

若松はそういう表現をしていたが、だからあの小さな身体でもヒットを量産できたのである。まさしく〝小さな大打者〟だった。

イチローが憧れた天才

前田智徳は、イチローが憧れたバッターだという。

プロ入りしたてのイチローをオープン戦で見たとき、「どうしてこういうバッターがうちのドラフトの指名リストにないんだ!?」とヤクルトの編成に文句を言ったという話を前に述べた。じつは、その前にも私をして同じことを言わしめたバッターがいた。そう、この前田である。

1990年、ヤクルトの監督に就任した年のことだ。開幕してまだそれほど経たないころだったと思う。はじめて見た若い左バッターに私は目を奪われた。たしか二塁打を打たれたと記憶しているが、それ以上にボールの見逃し方に感心した。

見逃し方にはバッターの考えていることがもっともよく表れる。私は狙いを探るためにストライクからボールになるスライダーをよく投げさせた。たいがいのバッターはストライクだとみなしてこれを振りにいく。少なくともピクッと反応する。

しかし、前田は動かなかった。スイングが速いからだ。そのぶん、ギリギリまでボールを見極められるのである。たったボールひとつかふたつぶんくらいの差であるが、これは大変な差なのである。

感心した私は、そばにいたコーチだかスコアラーだかに訊ねた。

「あのバッター、何年目だ？」

「新人です」

思わず私は声をあげた。

「なんでうちのリストにないんだ！」

前年のドラフトで「左の即戦力を獲ってくれ」とスカウトにいってあった。それなのに、その前田智徳というバッターの名前は指名リストになかったからだ。それでスカウトたちを厳しく叱責したことを憶えている。どうやら、その試合は前田のデビュー戦だったようだ。

イチローが前田のどこに憧れたのかは知らないが、私は彼の「タメ」に注目した。タメを言葉にするのは難しいが、しいていえば「軸足にできるだけ重心を残す」ということになろうか。

昔、先輩たちに「タメができたらカネ貯まる」とよく言われたものだ。前田は、そのタメができているから、前に体重がかからず、「膝↓腰↓肩↓腕↓手首」という順序で身体が回転していた。

先ほど、若松には「無意識の意識が微塵もなかった」と述べたが、前田にもいっさいなかった。振り切る直前まで左足に重心が残っていた。だから、バットはトップの位置に残したまま、左足に重心を残して最後の瞬間にボールをとらえることが可能になる。インコースのボールをさばくのが苦にならないし、左ピッチャーの逃げていくスライダーに対しても、たとえ身体を崩しながらでも確実に対応することができた。

前田のバッティング練習を見るたび、思ったものだ。

「広島の若手は恵まれている。前田を手本にできるのだから」

残念だったのは、ケガが多かったことである。とくに1995年、まさしく「これから」という時期にアキレス腱を断裂したのは致命傷となった。それも影響したのだろう、名球会入りは果たしたが、打撃タイトルには手が届かなかったのも惜しまれる。

二代目ONの器だった松井

日本シリーズでイチローと対戦することになったとき、ヤクルトのスコアラーが「お手上げです」と報告してきたと前に述べた。私から見ても、攻略法は見当たらなかった。〝ゴジラ〟こと松井秀喜も、明確な攻略法がみつからない左バッターだった。

松井を抑えること——それは巨人に勝利するための、ひいてはリーグ優勝を果たすための絶対条件だった。松井が打つと、巨人が勢いづく。事実、私の在任中、松井を2割台に抑えた年はヤクルトが優勝したが、3割以上打たれた年は巨人に優勝をさらわれている。

もちろん、攻略するために徹底的にデータを集め、研究した。しかし、出てきた結論は「完璧に封じるのは不可能」というものだった。松井に対してはイチロー同様、「単打ならそれほど怖くないので、ある程度ヒットを打たれてもいい」と割り切り、「その代わり、絶対にホームランは打たせない」という方針で臨むしかなかった。

巨人に在籍した10年間で、首位打者1回、ホームラン王、打点王各3回。記録もさることながら、その存在感は圧倒的だった。

松井の在籍中、巨人はリーグ優勝4回、日本一にも3回なったが、ヤンキースに移籍した2003年以降は4年も優勝から遠ざかった。この事実は、松井の存在がONにもひけをとらなかったことを示しているといっていい。

とくにポストシーズンゲームでの勝負強さは特筆ものだった。イチローがオリックス時代に日本シリーズに出場したのは2度、メジャーでもポストシーズンゲームに出場したのは1年目の2001年と、2012年の途中に移籍したヤンキースがリーグ・チャンピオンシップ・シリーズまで駒を進めたときだけだ。

一方、松井は巨人で日本シリーズに4度出場しているうえ、メジャーでポストシーズンゲームに進出すること6度。うち2回はワールドシリーズまで勝ち上がり、優勝した2009年にはMVPを獲得している。

巨人時代の2000年には日本シリーズのMVPになっているから、日本シリーズとワールドシリーズ両方のMVPに輝く唯一の選手となった。

また、渡米するまで続けていた連続1250試合出場は、巨人の球団記録。ヤンキースに移籍してからも、デビューから518試合連続出場を続けた。イチローと同じく、試合を休まないというのも、松井のすばらしいところである。

さらに松井に対して感服したのは、テレビ番組のインタビューで、現役時代を振り返ってこう語っていたことだ。

「ひとつだけ自信をもって言えるのは、つねにチームの勝ちを優先し、それを第一に考えていたこと」

つまり、いつでも自分の記録よりチームの勝利優先。なかなか言えることではない。松井ほどの天性に恵まれれば、ふつうは個人記録を優先しても不思議はないからだ。口では「チーム優先」と言っても、やっていることは逆という選手は少なくない。

こうした発言からもうかがいしれるように、松井は人間性も申し分ない。つきあいがあるわけではないが、どこからも悪い話や噂はまったく伝わってこない。マスコミに対しても、いつも真摯に、かつユーモアを忘れず、ていねいに対応している。

2006年に左手首を骨折してからはケガに悩まされることが多かったが、チームメイトにはいっさい言い訳も泣き言ももらさなかったという。プレーできないほど状態が悪いこともあったが、そんなときもひとり、ケガと向き合いながらひたむきにプレーした。

「いいときなんかほとんどない。いいときなんて一瞬で、悔しいことのほうが多い。逆風のなかでその人間の本当の姿が表れる」

松井は言っていた。だからこそ松井は、チームメイトの信頼と尊敬を勝ち得て、日本人でありながらアメリカのファンからも愛されたのだと思う。

攻・走・守　すべて超一流はイチローだけ

いままであげてきた左バッターたちは、いずれもプロ野球史に残る選手であることは間違いない。それでは、彼らと比較してイチローはどうなのか。

松井を除けば活躍した時代がイチローとは違うし、なによりタイプがまったく違う。したがって、甲乙をつけるのは難しいし、そもそも意味がない。私はそう思う。どうしてもというのなら、残した記録で比較するのが妥当であろう。

ただ、ひとつだけ言えるのは、これまで述べてきたバッターは、はっきり言えば「打つだけ」の選手だったということだ。バッティングの技術や哲学に関してはみな卓越したものを持っているが、守備や走塁については、正直、疑問符がつく選手も多い。

川上さんと大下さんの守備と走塁については私が論評すべき立場にないが（青田昇さんによれば、川上さんは一塁手だったが、ワンバウンドの送球は捕る気すらなかったそうだ）、一塁手だった榎本は、バッティングについては徹底的に突き詰めたものの、守備と走塁にはまったく興味がなかったと思う。一塁の守備は必要最低限しかしない。盗塁は153個を記録しているが、もっと走っておかしくなかった。

張本も足は速かったが、外野の守備はお粗末きわまりなかった。なにしろ「守っても安打製造機」と揶揄《やゆ》されたほどである。なんでもないフライをヒットにしてしまうという意味だ。

そう考えると、攻・走・守、いずれもこれだけ高いレベルでクリアしているのはイチローだけと言ってもいいかもしれない。イチローは走っても守っても超一流だ。この点にかぎっては、故障する前の前田や松井といえどもかなわないと認めざるをえないだろう。

〝人の気〟をつかめなかった落合

それでは右バッターではどうか。右バッターといえば、まっさきに落合博満の名前をあげないわけにはいかない。というより、落合以上の右バッターは——長嶋を別とすれば——いないといっても過言ではないだろう。

なにしろ、三冠王に3度もなっている。王でさえ2回だ。三冠王になった年を含めて、首位打者5回、ホームラン王5回、打点王5回。MVPは2度（2回とも在籍チームのロッテは優勝していない）。記録で落合を凌駕できる選手はいないといっていいだろう。イチローもかなわない。

見逃し方やファウルなどから判断すると、落合は基本的には私の言うB型、すなわちインコースかアウトコースか、コースを絞るタイプで、そこにC型を組み合わせている。

つまり、レフト方向に引っ張るのか、それともライト方向に流すのか、はたまたセンターに弾き返すのか、あらかじめ決めておくのである。「インコースは投げてこないな」と見抜いたらセンターから右方向、「インコースに来る」と判断したらレフト方向に持っていくというように……。

落合は、先ほど述べたタメのつくり方がじつにうまかった。また、インコースに対応するためだろう、アウトステップする傾向があったが、長嶋同様、つま先は外側に向かなかった。だから身体が開かず、そのうえでしっかりと脇を固め、ひじを畳み込むようにしてインコースのボールを広角にさばいた。

彼のバッティングを見ていると、自分のコースとタイミングにボールを呼び込み、自在にして正確なバットコントロールでヒットとホームランを量産する「狩猟型」のバッターという気がしたものだ。

ただし——その技術と記録のすごさを誰もが認めるものの、ファンからふさわしい評価を受けているようには見えない。

イチローが野球にそれほど興味を持っていない人たちも含む多くのファンの喝采を受け、野球少年の憧れの存在になっているのに対し、落合は一部の野球ファンからの強い支持はあるものの、人気という点ではイチローに遠くおよばない。その理由はどこにあるのか……。

昔、顔が似ているということが縁で、藤山寛美さんと対談したことがある。寛美さんといえば、当時圧倒的な人気を誇っていた日本を代表する喜劇役者。とくに関西での人気は絶大だった。その寛美さんが話していた。

「野村さん、『人気』って、どう書きます？　『人の気』って書くでしょう。だから難しいんですよ。人の気をつかみ、動かすということは大変なことなんです」

おそらく落合は人の気をつかみ、動かすことができなかったのだ。プロ野球は人気商売。ロッテという不人気チームにいたことも影響しているかもしれないが、落合は人の気をつかみ、動かすための努力が足りなかったように思う。

たとえば長嶋茂雄は、プロフェッショナルとは「表現力」だと定義したうえで、「プレーをお見せすることによって、皆さんの支持、支援をいただき、そして共感をいただく。われわれプレーする側から言えば、観客の方に感動を抱かせる。それがプロたるものの使命であり、姿勢である。そんなふうに考えて、学生時代から一生懸命勉強していたわけです」と語っている。

落合は、「素人にはできないことをあたりまえにやること」がプロであると考えていたのかもしれない。それはひとつの考え方であり、私もそう思っている。しかし、それだけでは、そしてたんに記録を残すだけでは、お客さんを喜ばすことはできない。

これは事実なのである。

イチローはONを超えたのか

それでは、王貞治、そして長嶋茂雄と較べるとどうであろうか。イチローはONを超えたと言っていいのだろうか――。

王は1962年からの13年連続を含むホームラン王15回（通算868本塁打）、打点王13回、首位打者5回。長嶋は首位打者6回、ホームラン王2回、打点王5回。ふたりは1961年から長嶋が引退するまでの14年間ホームラン王を、1962年からの15年間打点王をそれぞれ独占し、首位打者のタイトルも1959年から74年までの16年間のうち、11年にいずれかの名前がある。

とはいえ、タイトルではイチローも負けてはいない。オリックス時代はブレイクした1994年から渡米前年の2000年まで7年連続首位打者（最多安打5度）。95年には打点王と盗塁王にも輝いている。メジャーリーグでも2度首位打者を獲得し（2001年、2004年）、2001年は盗塁王も手中にした。首位打者と盗塁王の同時獲得は、ジャッキー・ロビンソン以来52年ぶりのことだったという。

ONは、記録もさることながら、野球に取り組む姿勢という点でもほかの選手の追随を許さなかった。巨人の9連覇は猛練習によって培われた部分が非常に大きいといわれるが、その猛練習に率先して取り組んだのがONだった。

王が荒川コーチのもと、真剣を使った素振りをしていたのは有名な話であるが、その練習を荒川さんに頼んで見せてもらったことがある。

「すごい」という言葉しか出てこなかった。素振りの回数では私も人後に落ちない自信があったが、王のそれに較べれば遊びも同然であった。天才としか見えない長嶋だって、人の見ていないところで大変な努力をしていたことは、私が直接彼の口から聞いた。

ふつう、あれほどのレベルの選手であれば、練習では適当に手を抜いたり、休んだりしても不思議はないし、誰も文句は言わない。けれどもこのふたりは、周りが「そんなにやらなくてもいいのに……」と感じるくらい真剣に取り組み、オープン戦であっても試合を欠場することはめったになかった。

巨人から南海にやってきた相羽欣厚という選手がこう言ったのを、私はいまだに忘れられない。

「ONは練習でもいっさい手を抜かず、目一杯やる。だからわれわれもうかうかしていられない。彼ら以上にやらなければならないと思った」

こうした野球への取り組み方においても、イチローはONにひけをとらない。オリックスからヤクルトに移籍してきた馬場という選手が「イチローにはついていけない」と話したことは先に述べた。アメリカに行ってからもメジャー流の練習に満足できず、自分流のやり方を通したことも前に述べたとおりである。

「高い給料をもらっているわけだから、体調管理はあたりまえのこと」

その言葉どおり、故障や病気で休んだことは数えるほどしかない。マリナーズでの1年目、疲労を心配したルー・ピネラ監督から「一日休んだらどうか」と言われ、「なぜ？」と答えたこともあったそうだ。

社会へ与えた影響も、イチローはONに匹敵する。ONが活躍した時代は日本の高度成長期。ちょうどテレビが家庭に普及する時期でもあったことから、ふたりは爆発的な人気を博した。長嶋は入団から引退するまで17年連続してオールスターにファン投票で選出され、王も2年目から引退年まで21年連続ファン投票で選ばれている（念のために述べておけば、私も21年連続してファン投票で選出されている。通算22回選出は歴代最多である）。

「職業野球」と呼ばれたプロ野球は、東京六大学野球に較べると、どことなく後ろ暗いイメージがあったが、ふたりの登場によって、一変した。ONがプロ野球を女性や子どもも楽しめる国民的スポーツにしたのである。

一方、イチローは野球ファン以外の人々も含む多くの日本人の目をメジャーリーグに向けさせた。並みいる大男たちのなかで、ひときわ華奢なイチローが抜群のテクニックとスピードを武器に次々とヒットを生み出し、グラウンドを駆け巡るさまは、ONの時代とは逆にバブルが弾けて自信を失っていた日本人に大きな勇気と誇りを与えたと思う。

加えてイチローは、子どもたちの憧れの存在にもなった。いまや子どもたちが平気で「将来はメジャーリーガーになりたい」と言う時代である。

記録、野球への真摯な向き合い方、社会的影響力……いずれもイチローはONに勝るとも劣らないと言っていい。

ただし――私に言わせれば、イチローには決定的に欠けているものがひとつあった。ONにあって、イチローに欠けているものとは、以前イチローと私には「考え方において大きく相違するところがある」と述べたこととも関連するのだが、それについては次章で詳しく述べることにしよう。

第6章

イチローは変わったか

イチローを認めなかった私

イチローの天性、野球への真摯な取り組み方、努力し続ける姿勢……それらは大いに認め、称賛しつつも、私はプロ野球選手としてのイチローを諸手を挙げて評価はしていなかった。

なぜか――。

デビューしたころから、イチローには「いい格好をしよう」という意識が強く見受けられた。しゃべり方やヒゲ、打席に入るときのポーズ……そこかしこに「自分を格好よく見せたい」という意識が感じられた。

ヤクルトや楽天の監督だったとき、私は茶髪や長髪、ヒゲを禁止した。外見で目立とうとするのは自己顕示欲の表れであり、野球選手の自己顕示欲はなによりプレーにおいて発揮されなければならない。それが理由だった。

まあ、プロであるから「格好よく見せたい」という気持ちを持つこと自体は悪いことではない。問題は中身が伴っているかであり、イチローはたとえ最初は外見が先行していても、天性とたゆまぬ努力の末に中身が備わった。だから、そのことについてはよしとしよう。

私がイチローを認めなかったもっとも大きな理由は、ひとことでいえば、こういうことだ。

「『イチローを見習え』と、ほかの選手に言うことができないから――」

中心選手というものは、〝チームの鑑〟すなわち手本でなければならないというのが私の考え方だ。

中心選手の思考と行動は、そのチームの体質を大きく左右する。中心選手が真摯に野球に取り組み、練習態度や自己管理などにおいても厳しく自分を律していれば、おのずと周りの選手もそうなるし、逆に自己中心的であったり、いい加減であったりすれば、チーム全体がそうなってしまうものなのだ。

監督の立場からすると、チームの鑑たる中心選手がいると非常にやりやすい。「あいつを見習え」と言えばいいからだ。それだけでチームはいい方向に向かう。

先ほども述べたように、イチローの野球に対する姿勢について文句はない。その点では十分にチームの鑑たりえる。ならば、どうして「イチローを見習え」と言えないのか――。

「勝負とかけ離れたところでプレーしていた」

それが理由だ。

たしかにイチローのプレーは、バッティングも守備も走塁もすばらしい。天才でありながら、凡人よりもはるかに努力する。

しかし、そのプレーが、その努力が、自分の記録を伸ばすためだけに向けられていた――私にはそう見えたのだ。

「チームより自分優先」

つまりはそういうことである。「チームのために」という意識がイチローには欠如していた。そこがONとイチローの大きな差であり、私がイチローの実力と努力を十二分に認めながらも、手放しで称賛できなかった理由だったのである。

野球は個人競技？

オリックスでも、マリナーズでも、イチローは「一番」を打つことが多かった。打順にはそれぞれ果たすべき役割と責任がある。一番バッターのもっとも大事な仕事は塁に出ることだ。イチローも「一番バッターは出塁がもっとも大事」と発言している。が、同時に一番バッターは、ピッチャーの情報を後続バッターに伝えるという役割も担っている。そのためには、ときにはボールカウントを不利な状況にしても、できるだけ球数を多く投げさせる必要があり、フォアボールを選んでチャンスをつくることも大切な役割だ。

しかるにイチローは、そういうことはほとんど眼中にないようだった。現実に、初球から打って出ることが非常に多かった。積極性や好球必打はたしかに強打者の条件であるが、その前に得点差やイニングといった状況、それに伴う相手バッテリーの心理といったことを考慮しなければならない。そのうえで、初球から打っていいのか、それとも待つべきなのか、チームの勝利を最優先して判断する。それがチームプレーだ。

しかし、イチローの頭のなかにあるのは、自分のバッティングをすることだけ、自分がヒットを打つことだけ。だから、好球が来ると状況に関係なく、とにかくバットを出してしまう。試合の後半、負けているときに先頭バッターとして打席に入っても、初球から平気で打ちにいってしまう。

塁に出る方法は、ヒットだけではない。できるだけ粘ってフォアボールを選ぶなど、相手の嫌がることをすることが必要だ。しかし、イチローはなによりも自分がヒットを打つことを優先することが多かった。そうした彼の姿勢は、「野球は個人競技である」と思っているかのようだった。

その点では張本によく似ている。いまでこそテレビの〝ご意見番〟としてプロ野球に「喝」を入れている張本だが、あれほど試合を私物化したバッターもいない。なにしろ、一塁にランナーがいる状態で打席に入ると、ランナーが駿足であってもこう命じた。

「走るんじゃないぞ。じっとしとれ!」

ランナーが盗塁して二塁に行ってしまうと、一塁手はベースから離れて守る。しかし、一塁にランナーがいればベースにつかざるをえず、そのぶん一、二塁間が広くなってヒットが出やすくなるというのが理由だ。チームの得点より、自分のヒットを優先するのが張本の考え方だった。

イチローは、テレビ番組のインタビューだったか、こう語っていた。

「何が目標かと言われれば、ヒットの数にどうしても目がいく。なぜかと言えば、ヒットは減らない。打率は減りますから」

テレビではこれがどういう文脈のなかで出た発言なのかはわからなかったが、この言葉を聞くかぎり、彼の目標は「チームの勝利」ではなく、「ヒットを打つこと」のようだ。おそらく「そうすることがチームのためになる」と考えているのだろう。

だが、私はよく言うのだが、「自分がヒットを打つことがチームに貢献することになる」という考え方と「チームに貢献するためにヒットを打つ」という考え方は、似ているようで違う。前者は「チームより自分」。後者は「自分よりチーム優先」である。野球が団体競技である以上、すべての選手は後者を目指さなければならない。

「自分の打率」を目標にするのではなく、「チームの勝利」を目標にするべきなのだ。チームが勝つことを第一に考えれば、状況によってはたとえ打率が落ちることになっても進塁打を打たなければならないこともある。時と場合によっては自分が犠牲になることも厭わない――それがチーム優先主義である。しかし、イチローの発言を聞くかぎり、自己犠牲を拒否しているかのようだ。

「100パーセント、ヒットを打てる」と言うなら、それでもいいだろう。だが、そんなことはありえない。イチローだって、10回打席に立てば7回は凡退する。

それなのに、状況も何も考えず、どんなときでもヒットを狙われては、チームはたまったものではない。記録とは、あくまでもチームの勝利についてくるものでなければならないのである。

先ほど述べたように、チームバッティングに徹すれば自分を犠牲にしなければならない場面もある。ヒットの数もいくぶん減ることになる。であれば、自己犠牲を拒否したうえに成り立っているイチローのヒット記録は、若干割り引いて考えておく必要があるのではないか。

フォアボールはつまらない

イチローは三振が少ないが、フォアボールも少ない。記録を見ると、それなりの数に上るが、一番という打順を考えれば、もっと多くてもおかしくない。

なぜフォアボールが少ないかといえば——早打ちであることも理由のひとつだが——それ以上に、好きなコース、打てるボールが来たら、どんな状況であってもバットを出すからだ。

イチローを追ったテレビ番組で、メジャーを代表する豪腕、ロジャー・クレメンスの決め球であるスプリットを打つため、ツーストライクからスプリットが来るまで何球もカット（わざとファウルにする）し続けた場面を見た。

「空振りをとりにきた低めの決め球を真っ芯でとらえられれば、ショックは大きいはず」

イチローはカットし続けた狙いをそう説明していた。

イチローの言うことは、たしかにそのとおり。間違いではない。番組もその発言を、さもすばらしい考え方であるかのように紹介していた。

けれども、カットする球は、ストライクゾーン近くの、いわゆるクサい球であるのがふつうだ。イチローがカットした投球のなかには、明らかに「見逃せばボール」という球がいくつもあった。

それは、よくいえば、それだけバットに当てられる範囲が広いということであり、追い込まれることを苦にしないということになる。

並のバッターではバットを出すことすらできないボールでもカットできること、実際にツーストライクをとられたときの打率がメジャーの平均をはるかに上回るという事実は、彼のすごさを示す指標のひとつではあるのだが、何もわざわざカットしなくても、素直に見送れば、フォアボールで労せずして一塁に行けたのだ。

イチローに言わせれば、状況は大きく負けていたし、得点圏にランナーがいた。だから必要なのはフォアボールを選ぶことではなくタイムリーであり、しかも決め球を打つことでのちのち大きなショックを与えられると判断した結果なのかもしれない。

しかし、相手チームの立場で考えれば、フォアボールで一塁に出られるほうがヒットを打たれるより嫌なものだ。ヒットで出塁されたなら、気持ちを切り替えられる。だが、ストライクが入らないとバッテリーはもちろん、守っている野手にも不安感、不信感を与えてしまう。チームとしていちばん困るのだ。

結果として、イチローはクレメンスが11球目に投じたスプリットを弾き返し、タイムリーにした。結果オーライではあった。

けれども、カットする必要のないボールまでカットするということは、フォアボールを選んで出塁するなどという考えは頭のなかにはこれっぽっちもないということである。考えているのは自分が打つことだけなのだ。

実際、イチローはこういう発言をしている。

「つまらない野球が嫌なので、フォアボールを選ぶことは自分に合わない。ゲームに勝つにはそういうことも必要だと思いますけど」

一対一の果たし合いならともかく、全員がチームの勝利のためにプレーする野球という団体競技で許される考えではない。

「自分が打てなくてもチームが勝ってうれしいなんてありえない。そういうことを言うのはアマチュアでしょう」

そう言ったこともある。

「自分がヒットを打てれば、チームはどうなってもいい――」

極端にいえば、それがイチローの考え方なのだ。

チームで浮いていたイチロー

だからなのだろう、こういう話をいたるところで聞いた。

「イチローはマリナーズのチームメイトから信頼されず、浮いていた」

事実、２００８年には、ある選手がイチローを「個人の記録しか考えていない」と批判したと報道された。

アメリカ人は「個人主義」だという。だが、だからといってチームより個人が優先されるかといえば、そんなことは、こと野球に関しては絶対にない。

私にはこういう体験がある。古い話だが、現役のころ、ワールドシリーズを見に行った。１９６４年だった。通常は時期的に現地で観戦することはかなわないのだが、その年は東京オリンピックが開かれるため、10月10日の開幕に合わせて日本のプロ野球のシーズンが早く終了することになっていた。

本場の野球をどうしても勉強したかったので、この機会を逃してなるものかと、知人に頼んで全試合のチケットを取ってもらった。ニューヨーク・ヤンキースとセントルイス・カージナルスの対戦だった。もちろん、すべて自費である。

ところが、幸か不幸か、南海はその年、パ・リーグで優勝した。しかも阪神との日本シリーズが第7戦までもつれた。

「ワールドシリーズが早く終わったらまずいなあ……」

私は案じていたが、幸い、向こうも第7戦まで続き、たしか第3戦以降の5試合をネット裏で見ることができた。

それはともかく、どの試合だったかは忘れたが、9回、同点だったと思う。カージナルスの攻撃で、ランナー二塁。バッターボックスに四番のケン・ボイヤーが入った。

私は目を疑った。なんと、ボイヤーが送りバントをしたのである。

これにはさすがの私も驚いた。四番で、しかも4年連続24本塁打を放ち、その年はナ・リーグの打点王を獲得したボイヤーがランナーを進めるためにバントをしたのである。

が、同時に大いに感銘を受けた。

「やっぱり、メジャーリーグもチームの勝利最優先なんだな……」

チームが勝つためには、たとえ四番であっても、自分を犠牲にする。アメリカでもそうなのだ。いや野球の母国であるアメリカだからこそ、そういう考え方がより徹底されているのかもしれない。

そういう世界で、イチローのようにチームの勝利とかけはなれたところで、自分の記録のためにプレーしていればどうなるか。チームメイトの信頼を得られないのは当然なのである。

中心なき組織は機能しない

イチローがいくらヒットを打っても、マリナーズはイチローの在籍中、ついに一度もワールドシリーズに出られなかった。

イチローがデビューした2001年こそメジャータイ記録となる年間116勝をあげて地区優勝を飾ったものの、リーグ・チャンピオンシップ・シリーズでヤンキースに敗北。その後は一度もプレーオフに出場できず、下位に低迷することが多かった。

オリックス時代も日本一になったのは1996年の1回だけだ。

チームが弱いと、記録に走るのはしかたがない部分もある。優勝が絶望的になれば、個人記録にしかモチベーションを見出せなくなってしまうという気持ちは私もわかる。

だが、「中心選手が個人優先主義だからチームが弱い」という言い方もできないわけではない。中心選手が自己中心的だと、おのずとほかの選手もチームの勝利よりも自分の記録を優先するようになる。だから低迷するというわけである。

私はよく口にする。

「中心なき組織は機能しない」

これは組織論の大原則である。そしてこの「中心」の意味は、ただ自分の力を発揮すればそれでいいということではない。すなわち、ただ打てばいい、抑えればいいという意味ではない。前に述べたように〝チームの鑑〟でなければならない。それでこそ、真の中心といえるのだ。

ヤクルトの監督時代、打線の中軸であり、チームの中心を担っていたのは、池山隆寛と広沢克己だった。〝イケトラ・コンビ〟と称され、当時のヤクルトでは数少ない人気選手だった。

ふたりはホームランを毎年20〜30本打った。だが、その代わり三振がめっぽう多かった。いくらホームランを打っても、ふたり揃って毎年100以上も三振していては、チームはたまったものではない。そこで私はふたりを呼んで話をすることにした。

池山はその思い切りのいいスイングから〝ブンブン丸〟と呼ばれていたのだが、

「自分自身は、そう呼ばれることをどう思っているのか」と訊ねてみた。

「自分はブンブン振ることが持ち味だし、個性だと思っています」

池山は答えた。

「なるほど。では、それでおまえの成績は上がっているか？　毎年100個以上三振しとっては監督は困るんだ。監督が困るということはチームが困るということだ。カウントによって状況が変化していくのに、おまえはいつでも自分が有利なときのバッティングをしている。だいたい〝ブンブン丸〟なんてのはマスコミが新聞を売るためにつけたものだ。選手がすべきことは、チームのために何ができるか考え、実践することだ」

そして最後に強い口調で言った。

「ブンブン丸を封印しろ！」

一方の広沢には、こう訊ねた。

「おまえはフォアボールを選ぶと悔しそうな顔をするよな。フォアボールは嫌いか？」

「はい、好きではありません」

「つまり、打ちたいんやな。それでフルカウントになると、一晩中振っても届かないようなボール球を打ちにいくんだな。だがな、三振よりフォアボールで塁に出てくれたほうが、監督はありがたいんだよ。相手チームの立場になってみろ。フォアボールでランナーを出すのは嫌なはずだ。それに、相手の四番がクソボールで三振するのを見たら、〝今日は勝てるぞ〟と思って勢いに乗るだろう？」

そのうえで、こう言った。

「自分だけが打って目立つより、チームが勝つことで数百万人のファンを喜ばせるのが、この仕事の醍醐味なんじゃないか？」

それからというもの、池山も広沢も、クソボールを振ることは減り、状況を考えたチームバッティングを心がけるようになった。おかげで、監督として、チームとして、どれだけ助けられたことか。

ヤクルトが私の監督就任3年目にリーグ優勝、4年目に日本一となり、その後、私の在任期間中に2度日本一になれたのは、このふたりが〝チームの鑑〟としての役割を果たしてくれたということも無視できない。中心が変われば、チームも変わるのである。

「中心なき組織は機能しない」という原則にあてはめれば、マリナーズが下位に低迷し続けたのは――むろん戦力の問題がいちばん大きかったろうが――中心であるところのイチローにも責任の一端があったといわざるをえまい。

イチローがチームの勝利より自分の記録を優先し、〝鑑〟になれなかった、あるいはならなかったから、チームは一丸となることができなかった。だから、弱かったのだ。

マスコミ軽視はファン軽視

もうひとつ、イチローに対して不満だったのは、マスコミへの対応である。

報道陣に対するイチローの態度は、オリックス時代から決してよいとはいえなかった。お世辞にもほめられたものではなかった。マリナーズに移籍してからは、試合後にインタビューを受けることさえ少なくなった。

マスコミ嫌いということでは、落合博満もそうだった。監督になってからはろくにインタビューに応じなかった、それで忠告したことがある。

「プロ野球選手は人気商売だろう。マスコミなくては成り立たない。みんなおまえの談話をほしがっているのだから、しゃべってやれよ。それも監督の務めだろう」

すると落合は言った。

「だって、記者たちに何言ってもわからんよ」

イチローにもそういう雰囲気がある。記者たちをバカにしているのが、言葉の端々から伝わってきた。

たしかにくだらない質問も多い。なぜ、そんなわかりきったことを、あるいは野球にまったく関係ないことを訊くのかと呆れることがあるのも事実だ。「もっと勉強してから来い」と言いたい気持ちはわかる。真意が曲げられて伝えられることもあるし、悪意を持って意図的に根も葉もない報道がされることもある。

もしかしたら、イチローもそういうことがあってマスコミを嫌うようになったのかもしれない。答えるならきちんとしたインタビューにしたいという気持ちもあるだろう。

だが、だとしても、イチローは肝心なことを忘れている。

記者たちの向こうにはファンがいるのである。

ファンはイチローと直接話すことはできない。報道は、ファンがイチローの言動を知ることができる唯一といってもいい機会なのである。記者たちは、イチローとファンをつなぐ接点なのだ。

そのことに思いが及べば、記者たちにいい加減な態度をとっていいわけがないではないか。記者たちを無視するということは、ファンを無視することに等しい。プロとしてあってはならないことだ。落合もイチローもそのことに気づいていないのである。

それに、たとえばこういう質問は「わかりきったこと」だろうか？

2004年、三番を打つことになったイチローは、「一番と三番では気持ちは違いますか？」と訊かれたそうだ。

イチローは「何をわかりきったことを訊くんだ」という感じで答えた。

「打順によって打撃を変えるという意味がわかりません。『三番だからホームランを打とうと思うか』と訊く記者には問題があると思います」

イチローはそう言うが、一番と三番では役割が違うのは事実である。とすれば、意識もおのずから変わってもおかしくない。記者は、そのあたりをイチローがどのように考えているのか訊きたかったはずだ。

つまり、イチローのなかでは、一番であろうと三番であろうと、「いつも狙うのはヒットであり、気にするのは自分の記録だけ」なのだ。そのことが、記者とのこのやりとりからはからずも露呈したのではないか。

マスコミでとりあげてもらえる幸福

私が南海のプレーイング・マネージャーだったころ、南海の担当記者はどういうわけか新人ばかりだった。そのため、野球に関して深い話、専門的な内容を語ると、理解してもらえないことがしばしばだった。私は各社のデスククラスの人間に「もっとマシなのをよこせ」と文句を言った。すると、デスクは一様に答えた。

「若手を育てるにはノムさんに預けるのがいちばんいいんですよ。なんとか育ててやってください」

だから、「記者たちには何を言ってもわからない」と言って取材を拒否する落合にもいった。

「わからないなら教えてやれ。わかるように、懇切丁寧に教えてやれよ。記者を育てるのも監督の仕事のひとつなんだから」

プロ野球は人気商売。マスコミでとりあげられることがどれだけ恵まれたことか。

私などは現役時代、当時は不人気だったパ・リーグ、しかも関西では阪神の陰に隠れっ放しの南海にいたから、どんなに活躍しても新聞の一面になることはなかった。南海のプレーイング・マネージャーだったときの話だ。阪急と熾烈な首位争いを演じているさなか、直接対決があった。月曜日だったので、阪神の試合はない。「さすがに明日の一面はおれたちだろう」と思ったら、翌日の関西のスポーツ紙の一面を飾ったのは、こういう記事だった。

「不振にあえぐ掛布、特訓！」

1963年、52本塁打を打って小鶴誠さんが持っていた年間最多本塁打記録を塗り替えたときも扱いはごく小さかったし、1975年に600号ホームランを打ったときも、そうだった。試合後の記者会見で私は言った。

「長嶋や王は太陽の下で咲くひまわり。ぼくは人の見ていないところでひっそりと咲く月見草みたいなもの」

この談話でさえ、翌日のスポーツ紙の一面になることはなかった。翌日の東京の各紙が報じたのは「長嶋新監督率いる巨人が史上初の2桁借金を背負った」ことであり、関西のそれは「阪神が完封で勝った」ことだったのである。

こうした日陰の身の悲哀を嫌というほど味わったから、なんとかマスコミにとりあげてもらおうと、こちらからせっせと話題を提供したものだ。

監督時代は、監督は広報も兼ねていると認識していた。ヤクルトの監督だったころ、巨人の監督になった長嶋茂雄の批判を盛大に行ったのも、それが報道されることでヤクルトに注目が集まることを狙ったためだったし、楽天で毎日盛大にぼやいたのも、ファンの耳目を集め、喜んでもらうという理由が大きかった。実際、スポーツ紙には私の「ぼやきコーナー」まで生まれ、その狙いは成功したと思う。

こうしたマスコミ対応という面でも、あらためてONはすばらしかったなと思う。まさしく鑑だった。「自分たちがプロ野球を背負っているんだ」という意識をいつも忘れず、行動していた。メディアをないがしろにするなんてことはいっさいなかった。

松井秀喜も巨人時代はもちろん、ヤンキースに移籍してからも、どんなときでも、どんな質問にもていねいに応対していた。それだけに、イチローの不遜さがより際立つことになった。

原因は仰木に甘やかされたこと

プロ野球選手は、最初にどの球団に入ったか、どういう監督のもとで育ったかということが、その後の野球人生に大きな影響をおよぼすものだ。

仕えた監督によって、野球に対する考え方、取り組み方がずいぶん変わってくるし、さらにいえば人生観も違ってくる。これは野球だけにかぎった話ではないだろうが、環境が与える影響は、想像以上に大きいのだ。これは私の実感である。

V9時代の巨人は、川上哲治監督が〝ドジャースの戦法〟を導入し、チームプレーの大切さを教え込むとともに、人としての生き方を厳しく説いた。

だから、チームの中心を担った王と長嶋も、練習でもオープン戦でもいっさい手を抜かず、ほかの選手の鑑となっていた。そういうチームに新人として入れば、自分も見習わなければと思うだろうし、それがあたりまえとなる。

逆に、監督が人間教育をせず、先輩も自分中心であれば、おのずとそうなっていく。

私が経験したなかでは阪神がその典型だったし、近鉄にもそういう雰囲気があった。楽天の監督だったとき、選手には近鉄の残党が多かったのだが、彼らは総じてチーム優先主義という考えが乏しかった。

私が現役だったころから、近鉄というチームは個人記録優先主義で野球をやっているように見えた。「打てばいいのだろう、抑えれば文句はないだろう」という意識がチーム全体にはびこり、「チームのために自分が何をすればいいのか、何をするべきなのか」という考えはこれっぽっちも持っていないようだった。

私がなんとかチーム優先主義の大切さを植えつけようとしても、もはや中途半端に価値観ができあがっていて、変わろうとする意志が見られなかった。「鉄は熱いうちに打て」とは、よくいったものだとつくづく思った。

イチローにもそれがあてはまる。イチローが自分のバッティングのことだけしか考えなかったり、ファンを無視したような態度をとったりしたのは、オリックスというチームに入団したことも少なからず影響しているように思う。

こんなことがあった。ヤクルトの監督時代、オールスター中の出来事だ。たしか東京から富山へ飛行機で移動するときだったと思う。飛行機に乗る際、いつも私はいちばん前の座席を確保してもらうようにしていたのだが、そのときは2列目だった。

「どうして1列目じゃないんだ？」

マネージャーに訊ねると、「取れなかったんです」との答え。

「誰かVIPが来るんじゃないですかね」

ところが、待てど暮らせどその乗客がやってこない。ほかの乗客（もちろん、一般の人も乗っている）は全員席につき、あとは離陸を待つだけという時間になって、ようやくその客が姿を現した。

「まったく迷惑な客だなあ。いったい、どんなやつなんだ？」

そう思って顔を見ると、イチローだった。

私の顔に気づいたようだが、知らん顔で会釈すらしない。「何か彼の気に障ることをいったことがあったかな」と考えても、特段思い当たらない。

もしかしたら、日本シリーズのときに私がしきりに挑発したことを快く思っていなかったのかもしれないが、だとしても、おとなが、親といっていいほど年上の、しかも野球界の先輩にとるべき態度ではないだろう。

あとで聞いたところでは、イチローはこうした自分勝手な行動をとることがしばしばあったらしい。どうやら監督の仰木彬が特別扱いを許していたようだ。移動が別なら、ホテルも別ということもあったと聞いた。川上監督がONであってもいっさい特別扱いせず、叱るべきときはきちんと叱ったのとは対照的である。

2016年、清原和博が覚醒剤の所持と使用の疑いで逮捕されたが、清原が事件を起こすようになってしまったのには、最初に入団した西武にも責任があると私は思っている。

私は監督だった森祇晶にも直接いったことがあるが、森が「プロとは何か」「野球とは」「人間とは」という教育をしっかりしなかったことが影響しているはずだ。川上さんのもとで選手生活を送りながら、どうしてなのかと不思議だった。

仰木もそうだ。彼は〝野武士集団〟と呼ばれた西鉄ライオンズの出身。グラウンドで結果を出しさえすれば私生活は問われない球団で育った。極端にいえば、「重要なのは個人の力で、チームプレーなんてくそくらえ」というチームに高卒で入った。だから、自分が指導者になってもそういうやり方を踏襲した。

よくいえばおとな扱いである。しかし、たいがいの野球選手は子どものころから野球しかやってこず、しかもそれで結果を出せば、ほとんどのことは不問に付されてきた。一般社会人としての常識が身についていない。イチローもそうだったと思う。だからこそ、最初にきちんと人間教育をしておかなければならないのだ。

イチローが傑出した成績を残すようになってからは、おそらく仰木は何もいえなくなったに違いない。仰木は選手としてはたいした成績を残せなかったから、イチローに萎縮し、遠慮する結果となってしまったのだと思う。それもイチローの増長を招いた要因となったのではないだろうか。

その意味では、イチローが私のところに来ていたらと思わないでもない。もしヤクルトに入団していたら、「野球とは」「人間とは」、私がしっかり教え込んだのにと……。

WBCで芽生えた変化

しかし――。

選手としての晩年を迎え、イチローもずいぶん変わったように感じられる。

大きなきっかけとなったのはやはり、第2回WBCだったと思われる。連覇がかかった侍ジャパンのリーダーとして期待されたイチローだったが、すでに述べたように、不振を極めた。結果として日本は第1ラウンドで韓国に0対1で敗れ、1位通過を逃した。そのとき、イチローは言ったのである。

「1点差負けがどうというより、負けたという事実に腹が立つ。一回も負けたくなかった。負けという事実が許せない」

この発言を聞いて私は「おやっ?」と思った。イチローが、ここまでチームの勝利に執着するのを見たことがなかったからだ。

イチローは第1回大会でも優勝に貢献した。ただし、このときはWBC自体が手探りの状態で、イチロー自身、お祭りに参加するような感覚だったのではないか。

しかし、第2回大会はそれでは許されなくなった。というのは、このとき、代表監督の選考が難航したのを記憶されている方もいると思うが、その一因がイチローにもあったからである。

当初は星野仙一の就任が既定路線だった。ところが、前年の北京オリンピックで星野が監督を務めた日本が惨敗したことで、星野が固辞。急遽、WBC体制検討会議なるものがつくられた。

なぜか私もメンバーに選ばれたから知っているのだが、その最初の会合でも「開催時期からいって、やはり現役の監督には無理」ということで、「今回は星野で」という空気ができあがっているのが感じられた。

そこにイチローが異を唱えたのである。

「最強のチームをつくるという一方で、現役監督から選ぶのは難しいというのでは、本気で最強のチームをつくろうとしているとは思えない。北京の流れから、リベンジの場ととらえている空気があるとしたら、チームが足並みを揃えることなど不可能でしょう」

この発言で流れは変わり、最終的に巨人の監督である原が代表を率いることになった。そういう経緯があったのである。

となれば、イチローも自分が打てばそれでいいというわけにはいかない。当時、イチローが在籍していたマリナーズは、地区優勝争いにも加われないシーズンが続いていた。

前に述べたように、弱いから個人記録にしか目が向かなかったのか、それとも中心選手であるイチローが個人記録にしか興味がないから弱かったのかはわからないが、いずれにせよイチローは、久しく感じたことがなかった緊張感、プレッシャーに苛《さいな》まれたのではないか。

しかし、第2ラウンドに入ってもイチローはチームに貢献できない。準決勝進出がかかったキューバ戦では、2点をリードした5回無死一塁の場面で送りバントを失敗、チャンスをつぶしかけた。後続の中島裕之が粘ってフォアボールでつなぎ、青木宣親がセンター前にタイムリー。イチローのミスを帳消しにした。

試合後、イチローは「僕だけがキューバのユニフォームを着ていた」と語ったが、同時にこのとき、あらためて感じ入ったのではないか。

「野球はひとりでやるものではない。いくら自分がヒットを打っても、点に結びつかなければ、勝利につながらなければ意味はない」

この気持ちがあったればこそ、優勝を決めたあの勝ち越しタイムリーが生まれた――私はそう思うのだ。

チームが勝たなければ意味がない

さらに、2012年のシーズン途中にニューヨーク・ヤンキースに移籍したことも大きな転機になったのではないかと思う。かつては「アマチュアではないので、勝つことだけが目標ではない。プロとして自分がどういうプレーをするかが大事」と話していたイチローの口から、こういう発言が出ることが増えたのだ。

「このチームは勝利に向けて妥協がない。こういうチームでプレーできることがうれしい」

ヤンキースといえば、メジャーリーグでも屈指の名門である。ワールドシリーズに40回出場して27回優勝している。これはダントツの数字だ。その強さの秘密は、キャプテンを務めていたデレク・ジーターの以下のような発言に象徴されている。

「ヤンキースは常勝が義務。自分が活躍しても、チームが勝たなければ意味はない。チームが勝つためにできることをする」

いくら10年連続して200本ヒットを打ったとしても、チームが勝たなければ意味がない——イチローはあらためて痛感したのだろう。

ヤンキースというチームでプレーするようになって、WBCでようやく生まれた「チーム優先主義」の大切さをあらためて呼び覚まされたのだと思う。現役として残された時間が少なくなったことで、「優勝したい」という気持ちがより強まったという理由もあったかもしれない。

2014年はレギュラーが確約されず、開幕直後は外野手の5人のうち、5番目の扱いを受けた。要するに、レギュラーが休んだときの穴埋め要員、あるいは守備固め、代走要員という役回りである。

40歳で、しかもその年のオフにはFAになるイチローは、球団としてどうしても出場させなければならない選手ではない。現時点での純粋な評価がそういうものだった。とはいえ、長年にわたって不動のリードオフマンだったイチローにとっては、屈辱だったろう。

しかしイチローは、その役割を黙々と務めた。「ヤンキースというチームがそうさせるんでしょうね。どんな状況でも、自分の役割をきっちりこなさなければならない」と言いながら……。

2015年に移籍したマイアミ・マーリンズでは代打での出場が多い。ずっと試合に出場し続けてきたイチローにとってはやりにくく、かつ精神的にもモチベーションが落ちてもおかしくない。

イチロー自身、「毎日先発で5打席立つのと代打で1打席とは、10日間結果が出ないのはまったく意味が違う。代打で結果が出ないのはダメージが大きい」と語っていたが、やはりここでも自分の役割と責任を黙々と果たそうとしているようだ。

2016年8月、史上30人目のメジャー通算3000安打を達成したときに、チームメイトやファンが喜んでくれたことに対して、こう語った。

「3000という数字より、僕が何かをすることで僕以外の人たちが喜んでくれることが、いまの僕にとって何よりも大事なことだと再認識した」

第2回WBCを振り返って、イチローはこう語っていた。

「個人的には、苦しみと痛み、そしてこれまでの経験では通常感じたことのないものが、この大会ではありました」

この「苦しみと痛み」こそ、チームの勝利のために戦う者だけが感じるものであろう。この発言を聞いたアメリカのメディアは「これは、ほんとうにイチローなのか?」と驚いたという。

繰り返すが、イチローほどの実力をもってしても、野球はひとりでは勝てない。イチローが不振にあえいだWBCでは、ほかのバッターが出塁し、ヒットを打ち、ランナーを還した。そうしてあげた得点を、投手陣が懸命に守った。監督やコーチは、イチローが不振であっても、いつか復調すると信じて、起用し続けた。それが野球という団体競技であることに、イチローはようやく気がついた。

残り少なくなった選手生活、その気持ちを忘れずに、ぜひともベテランとしてチームを引っ張り、チームをワールドシリーズ制覇に導いてほしいと願う。

そのときこそ、イチローは記録だけでなく、全プロ野球選手の鑑として、ONと肩を並べる、いやONをしのぐほどの存在となる――私はその日が来るのを期待し、楽しみにしているのである。

おわりに

私が年齢を意識するようになったのは、38歳のときだったと記憶している。自分ではホームランだと思った打球が、フェンス際でお辞儀するようになったのだ。とはいえ、だからといって現役を退くつもりはまったくなかった。引退を決意したのは45歳のときだった。

自分では50歳までやりたいと考えていたし、やれると思っていた。

キャッチャーは、守備範囲は狭いし、なにより経験を積めば積むほど味の出るポジション。肩だけは衰えを隠せなかったが、それをスピードでカバーしようと、毎日スローイングの練習にいそしんだ。トータルで見て、まだまだほかのキャッチャーには負けていないと自負していた。

けれども、周囲の見る目は違った。最後は西武ライオンズにいたのだが、根本陸夫監督も、坂井保之球団代表も、直接口には出さないが、「そろそろ辞めたらどうだ？」

という目で私を見ていたし、起用のされ方も、サラリーマンでいう「窓際族」のような感じだった。

自分から引退を決意したのは、史上初の3000試合出場を達成した1980年（この記録も谷繁元信に抜かれてしまうのだが）の9月、西武球場での阪急戦だった。1点を追う8回、ワンアウト一、三塁で私に打席が回ってきた。

「よし、最低でも外野フライで同点だ」

意気揚々とバッターボックスに向かおうとすると、「おい、野村」という声が聞こえた。根本監督だった。

「おれにアドバイスかよ……」

そう思ったら、「代わろう」。

「えっ？」

代打である。代打を出されたのははじめての体験だった。しかも私は、犠牲フライの数では歴代最多だった。外野フライを打つことなど、朝飯前だと自負していた。だから、代打を告げられたときは愕然とした。

ベンチに帰った私は、思わず念じていた。

「失敗しろ、失敗しろ」

その願いが通じたのか、代打の鈴木葉留彦はショートゴロの併殺打。

「ざまあみやがれ」

私は溜飲を下げたのだが、帰りの車中であらためて思った。

「潮時かなあ……」

たとえ代打を送られたとしても、チームが勝利するために成功を祈らなければならない。私はずっとそう考えてきたし、南海の監督だったときは選手たちにも言っていた。その私が失敗を願うようになっては、チームに迷惑をかけることになる。それが引退を決めた理由だった。

次の日、監督室に引退の意思を伝えにいくと、ちょうど坂井代表もいた。心のなかでは「もう1年くらいがんばったらどうだ？」という言葉を期待していたのだが、「待ってました！」とばかりに「長いあいだ、ご苦労さん」と言われただけだった。

唯一救われた気がしたのは、試合翌日のスポーツ新聞で阪急の梶本隆夫監督のコメントを読んだときだ。

「ノムさんに代わって鈴木が出てきたときは〝しめた〟と思った」

梶本はそう言ってくれたのである。


イチローは、2017年の誕生日で44歳になった。

引退について彼がどう考えているのかは知らないが、一流と呼ばれる選手の引き際には2通りある。

ひとつは、惜しまれるうちに引退する辞め方。周囲から「まだやれるのに……」と惜しまれるうちに現役を退くというかたちだ。引退の年に30本もホームランを打った王などがそうだ。

そしてもうひとつが、ボロボロになるまでとことんやってから辞めるというもの。いま述べたように、私はこのタイプだった。

どちらをとるかは本人が決めることだ。どちらがいいという問題でもない。ただ、プロ野球選手はグラウンドにいられてなんぼ。1年でも2年でも、やれるあいだはやるべきだと私は思う。

「漠然と僕が考えている目標は、50歳まで現役バリバリでプレーすること」

2002年のシーズンを終えたとき、イチローはそう語っていた。

2016年、イチローがピート・ローズの持つメジャー最多安打記録4256本を、日米通算の記録とはいえ抜きそうだったときか、抜いたときだったか、ローズがこう言った。

「日本の記録を足すことに意味はあるのか。高校時代の安打を加えるのと同じことだ」

イチローが3000安打を達成したのはメジャーデビュー16シーズン目で、これはローズと並ぶ最速記録だったというから、ローズの発言はいちゃもんといってもいいが、気持ちはわかる。本音だろう。

彼らは日本の野球なんてマイナーリーグに等しいと考えている。そこで打ったヒットまで数えられたら、ローズとしてはプライドが許さない。「だったら自分がマイナー時代に打ったヒットも足してくれ」となるのは当然だ。その通りだと私も思う。

ならば、メジャーのヒット数だけでローズを抜けばいい。２０１７年のシーズン終了時点で３０８０本だから、50歳まで年間１７０本をクリアすれば達成だ。そうなれば、ローズといえどもグウの音も出まい。

白髪はずいぶんと増えたようだが、足と肩さえ現状を維持できれば、十分やれる。ちょうど大厄のとき、私は老眼を意識したが、それが選球眼やバッティングに影響したことはなかった。２０１７年のシーズンは、前半は不振だったようだが、オールスター後は復調。１３６試合の出場で、１９６打数50安打３本塁打20打点をマークした。

もはやイチローは、ＯＮ同様、一野球選手の枠を超えた存在である。連日、イチローの打席はニュースで紹介され、話題となる。その活躍に、大いなる勇気や希望や誇りを得ている人たち、イチローに憧れている人たちは少なくないはずだ。

２０１０年、新春恒例の宮中行事「歌会始の儀」において、イチローの名前が詠まれた歌が披露された。「光」をテーマに、常陸宮妃華子さまが、次の歌を詠まれたのである。

大記録なししイチローのその知らせ希望の光を子らにあたへむ

メジャーリーグの通算最多安打記録のリストのトップに日本人の名前が載る——これほど痛快にして、われわれ日本人に「希望の光」を与えてくれることはないだろう。

参考資料

『Sports Graphic Number 836』（文藝春秋）
『自己を変革する　イチロー262のメッセージ』（ぴあ）
『世界野球革命』ロバート・ホワイティング、松井みどり訳（ハヤカワ文庫NF）
「イチロー　3000本の軌跡」（NHK　BS1、2016年8月13日放送）

〈著者プロフィール〉
野村克也（のむら・かつや）
1935年、京都府生まれ。54年、京都府立峰山高校卒業。南海ホークス（現・福岡ソフトバンクホークス）にテスト生として入団。首位打者1回、本塁打王9回、打点王7回、MVP5回、ベストナイン19回、ダイヤモンドグラブ賞1回などの成績を残す。65年には戦後初の三冠王（史上2人目）にも輝いた。70年、捕手兼任で監督に就任。73年のパ・リーグ優勝に導く。その後ロッテオリオンズ（現・千葉ロッテマリーンズ）、西武ライオンズでプレーし、80年、45歳で現役引退。89年、野球殿堂入り。通算成績は3017試合、2901安打、657本塁打、1988打点、打率.277。指導者として、90〜98年、ヤクルトスワローズ監督、4回優勝。99〜2001年、阪神タイガース監督。06〜09年、東北楽天ゴールデンイーグルス監督。現在は野球評論家。

野村のイチロー論

2018年1月10日　第1刷発行

著　者　野村克也
発行人　見城 徹
編集人　福島広司

GENTOSHA

発行所　株式会社 幻冬舎
〒151-0051　東京都渋谷区千駄ヶ谷4-9-7

電話　03(5411)6211(編集)
03(5411)6222(営業)
振替　00120-8-767643
印刷・製本所　中央精版印刷株式会社

検印廃止

ISBN978-4-344-03238-5　C0095
幻冬舎ホームページアドレス　http://www.gentosha.co.jp/

この本に関するご意見・ご感想をメールでお寄せいただく場合は、
comment@gentosha.co.jpまで。